AVIVAMIENTO

"Lo imposible está por acontecer..."

Hechos 2:47 […] Y el Señor añadía cada día a la iglesia los que habían de ser salvos.

MARCONI MORENO ALMONTE

Todos los textos utilizados en este libro, son sustentados de la Biblia RVR 1960, al menos que se indique lo contrario.

Título:
AVIVAMIENTO
Lo imposible está por acontecer...
República Dominicana
Derechos reservados
Primera edición marzo del año 2014
© 2014 por **Marconi Moreno Almonte**

Producto:
Impreso en Santo Domingo, República Dominicana
ISBN 978-9945-08-008-7
Categoría: Evangelismo / Iglesia

Contacto:
Para sugerencias, aportes, comentarios y preguntas sobre el contenido de este libro escribir a: **marconimrn96@gmail.com**

Teléfonos:
República Dominicana 809-630-6772
Estados Unidos, Ohio 1-614-290-3313

Contenido

Agradecimientos --9
Prólogo ---11
Introducción --14
Recuento Breve del Libro de los Hechos de los Apóstoles ------18
La Predicación en Medio del Avivamiento --------------------22

7 Principios Fundamentados en Hechos 2; 43-47

Principio 1 Temor a Dios --------------------------------27
Principio 2 Maravillas y Señales -----------------------41
Principio 3 Unidos en un Mismo Espíritu ----------------51
Principio 4 El Primer Amor -----------------------------62
Principio 5 El Fruto del Espíritu Santo en Acción -------71
Principio 6 Alabanza a Dios y Favor con el Pueblo -------78
Principio 7 El Cumplimiento de las Promesas ------------88

La Oposición en Medio del Avivamiento ----------------------103
Fin "Avivamiento" --105
¿Qué es el Avivamiento Entonces? ---------------------------109
Algunas Pautas Que Debes Saber Sobre El Avivamiento ------112
Bibliografía ---114

Cuando la unción del "Santo" me llena, el poder de lo alto me arrebata y la locura del evangelio brota por mis poros, mi corazón se acelera, mi mente se agiliza, mis ojos se vuelven llamas de fuego y de mi nariz solo brota el fuego del avivamiento verdadero, que viene de lo alto atrayendo al ser humano arrepentido a los pies de Jesucristo. "Lo imposible está por acontecer...".

Nuestra sociedad merece un gran cambio, nuestro entorno debe de ser reformado para Cristo. El sistema que está establecido en este mundo no trata con la raíz del problema, pero Jesucristo, sí. Es tiempo de entrar en acción destronando a Satanás de los corazones de las personas y restableciendo el reino de los cielos con la estaca de la Palabra.

Esta obra titulada "Avivamiento", ha sido diseñada para aquellas personas que tienen hambre del "Altísimo" y que desean experimentar el mover de su gloria sobrenatural como Moisés y la zarza ardiente (Éxodo 3; 2); personas que están dispuestas a pagar el gran precio.

A través de este libro, hago un llamado de reflexión a tu corazón; para ayudarte a intuir el por qué en este siglo presente, no se ha visto obrar de manera sobrenatural el poder de Dios y a la misma vez que le permitas al Espíritu Santo que te guíe hacia el despertar espiritual; donde tu corazón arda en las llamas del fuego santo, suspirando por un avivamiento verdadero.

"Un llamado a la conciencia, un electroshock al corazón...".

El reino de las tinieblas está intensificando y muchos de los hijos de Dios están descansando, otros están sosegados ya casi dormidos. Necesitamos un despertar espiritual que revolucione nuestro mundo por completo y que restaure el lugar de la iglesia devolviéndola a los fundamentos bíblicos (Efesios 2; 20).

Se escucha la brisa que sopla anunciando el avivamiento, se despiertan los corazones y se enciende la llama del fuego del primer amor, renace la pasión por avivamiento; los corazones se postran ante el Rey de reyes, las murallas del orgullo se desvanece, el clamor y la confesión de pecado se reinstala; la búsqueda apasionada por la unción de Dios renace, el ser lleno por el Espíritu Santo es nuestro primer objetivo.

"Oh Jehová, he oído tu palabra, y temí, Oh Jehová, aviva tu obra en medio de los tiempos, en medio de los tiempos hazla conocer; En la ira acuérdate de la misericordia".

-Habacuc 3; 2-

Agradecimientos

En primer lugar expreso mi más genuino y profundo agradecimiento a Dios, quien iluminó mi mente y puso las palabras adecuadas y pensamientos necesarios para poder escribir y plasmar las letras que están en este libro; las cuales por mí nunca habría podido pensarlas, agradezco por la inspiración divina con la cual Él me ungió, además del ánimo con el que me saturó, también por ayudarme a iniciar y culminar esta joya que depositó en mis manos.

A mi hermosa madre, Sandra Elizabeth Almonte, por ser el canal que Dios utilizó para traerme a este mundo.

Muy agradecido por la eficaz y acertada ayuda de mí querida, amada y fiel esposa, Angeli Jael Moreno, la cual me ha brindado todo su amor y compresión.

Expreso con estas breves palabras, pero a la vez con el más solemne sentimiento de gratitud a:

Arecio Hernández, quien realizó las primeras observaciones.

Dangiro Cordero y Marinis Soto, por sus excelentes sugerencias.

Jabes Castro, por realizar la revisión bíblica del contenido y su concordancia.

Damaris Rodríguez, por ser la herramienta que Dios colocó en mi camino, cuando no sabía qué hacer con la corrección ortográfica.

Belkis Ramírez, por dar su punto de vista crítico-comentarista.

Pastor Rubén Castro, por brindarme su apoyo y ayudarme a expandir este libro.

Y a todos aquellos que de alguna manera me ayudaron para que este sueño fuese una realidad.

Prólogo

En una ocasión mientras elaboraba un documento en el trabajo para un compañero, ambos nos fijamos en una palabra (incoloro), dicho concepto yo pensaba que sabía su significado real (color leve), cuando el analista me aclaró que yo estaba desacertado, rápidamente acudí al diccionario para saber si en realidad estaba en lo cierto o no; admito que al encontrar el significado auténtico (carece de color), yo estaba muy equivocado, había pensado que era una cosa, cuando en realidad era otra muy distinta.

Puede ser que tu hayas escuchado el término *"Avivamiento"* una y mil veces y creas que tienes una idea real de esta palabra; pero al igual que yo quizás no sea el significado correcto.

En este ejemplar que tienes a mano, encontrarás el fundamento fehaciente de este vocablo; el cual a la vez te ayudará a vislumbrar el significado real que oculta esta grandiosa palabra. En realidad la expresión "Avivamiento" no aparece en *"la Biblia"* como una locución, pero sí como un efecto revelado de un principio bíblico *"volver al primer amor"*.

Este libro es un instrumento mandado a fraguar por orden del Eterno, para la generación de este siglo, donde Él mismo estipula con el lector, haciéndole ver a través de estas sencillas letras, que si hoy en día no suceden las cosas que "La Biblia" registra en su contenido, es porque las personas están en otros quehaceres (Deseos de la carne) y su norte en realidad no es el Señor Jesucristo. Hoy en día el pecado está ahogando a los hijos del Altísimo, la naturaleza carnal ha establecido una barrera entre el Padre celestial y sus hijos, y esto es lo que ha provocado que la iglesia esté fría espiritualmente, y aunque veamos mucho movimiento, la realidad espiritual es otra.

Permíteme explicarte que Dios no es un dios de acepción de persona, ni de favoritismo. El Todopoderoso usa a los que se dejan usar y utiliza a personas que tomen el arado sin mirar atrás; personas que renuncien a sus redes para hacerlos pecadores de almas, aquellos que dejen de cobrar impuestos, para comenzar a cobrar las almas perdidas en este mundo, siervos que dejen todo por causa del evangelio, por tanto tú puedes ser el instrumento perfecto que el Señor utilice en estos tiempos. Al leer te darás cuenta que para el que cree todo le es posible y más aún cuando su creencia está fundamentada en las Escrituras.

Al igual que yo, a lo mejor seas un miembro de alguna congregación, o algún líder espiritual, o tal vez seas un pastor que anda buscando la forma correcta de ver tu congregación avanzar, o quizás no, tal vez tiene una mega iglesia pero busca algo que marque la diferencia espiritual, algo como "Avivamiento". Te aseguro que este libro te ayudará lo bastante, pues es una buena herramienta la cual Dios ha depositado en tus manos, para que comprendas la verdadera realidad en la que vivimos y pongas manos a la obra. El deseo del Señor es manifestar un avivamiento genuino en tu vida personal y luego que ese fuego se pueda expandir.

Desde que soy cristiano veo que al subir al púlpito muchas de las personas que predican o enseñan, lo que hablan son testimonios de otros individuos: anécdotas, cuentos o historias reales de acontecimientos que han pasado en el mundo; otros se pasan sus mensajes completos haciendo reír a las personas y otros argumentando con palabras bonitas para lucir su conocimiento. Pero ningunos expresan algo de sus vidas personales, no tienen nada que hablar de los acontecimientos sobrenaturales, de cómo Dios los ha impactado, de cómo su vida por completo se ha visto orientado hacia la cruz. Muy pocos predicadores han experimentado lo que es el avivamiento en sus vidas en realidad.

Otros confunden este término, ten mucho cuidado con esto, porque avivamiento no es: cantidad de miembros o seguidores en una congregación. Avivamiento es el poder de Dios manifestado de manera irresistible donde los que están muertos espiritualmente reviven ante, donde los dormidos espirituales se despiertan, donde los no creyentes se añaden a la fe y los que oponen a la cruz, terminan rendidos ante Su presencia.

≈

Otra cosa muy importante, es que al leer este libro notarás que no encontrarás muchas fuentes citadas o referencias de frases pronunciadas por personas de renombre; tan poco hallarás estudios teológicos profundos para llamar la atención o alimentar el ego (I Corintios 2; 1-5). Nuestro Salvador no quiso que esta obra sea un instrumento de ventas de ilusiones, o un libro para promover el nombre del escritor ¡No!, Dios desea que la persona que lea este ejemplar, comience a pensar en sus testimonios personales y a explotar sus capacidades espirituales; nada más con la ayuda de "La Biblia" y las herramientas que Él mismo Omnipotente les proveerá. No descarto con lo mencionado anteriormente que existan libros que nos ayuden a mejorar (porque este es uno de ellos), en nuestra forma de pensar, actuar y en la manera que estamos viviendo el evangelio; lo que digo es que; Dios quiere que salgamos del capullo con las habilidades que Él ha depositado en nuestras vidas, a través de su Palabra y no con sabiduría humana; porque así como la gallina pone el huevo, pero a su vez deja, que el pollito sea quien rompa el cascaron, al tratar de salir, de esa misma manera el Señor desea que transcurra en nuestras vidas; que salgamos del cascaron llamado rutina y experimentemos el gran avivamiento apostólico reservado para estos tiempos. Pero recuerda que para que esto suceda, primero debe darse una muerte voluntaria a los deseos de la carne; porque todo aquel que quiere experimentar un avivamiento genuino, debe saber que tiene que tener un encuentro personal con Dios y un rompimiento radical con el mundo y sus deseos.

Lo que se ve imposible humanamente, está por acontecer en tu vida. Esta generación está falta de hombres y mujeres que vivan una vida caminando sobre las promesas de nuestro Señor Jesús. Se necesitan hombres y mujeres que enfrenten las realidades espirituales y que pongan manos a la obra con *urgencia*.

Al leer este libro he comprendido que: "Avivamiento no es cantidad, sino calidad, avivamiento es poder de Dios". La iglesia del Señor necesita con urgencia ser restablecida a los patrones bíblicos.

Recomiendo el contenido de este libro, es muy provechoso y revolucionario, mi vida ha experimentado un gran cambio y sé que la tuya también lo experimentará.

Al terminar de leer este libro recomiéndalo a otros y se parte de esta visión revolucionaria.

Avivamiento "Lo imposible está por acontecer..."

Arecio Hernández

Introducción

Alguna vez te has preguntado ¿Qué es el avivamiento? ¿Qué significa la palabra avivamiento? ¿De dónde proviene la palabra avivamiento?

Hoy en día muchos creyentes mezclan el concepto "avivamiento", con la cantidad de personas que se reúnen en una actividad cristiana y no necesariamente esto sea avivamiento; muchas veces esas personas están vacías y muertas espiritualmente, están sentadas en la iglesia pero su mente está sentada en el mundo. Ahora bien un avivamiento es todo lo contrario de lo muerto, es decir, si esas personas que están muertas espiritualmente se les activa el fuego del Espíritu Santo y su alma revive espiritualmente, y su vida íntima experimenta una gran transformación en referencia a la santidad y si también su relación con Dios se estrecha, entonces podemos decir que sí es avivamiento manifestado en lo personal y pronto a de manifestarse.

Es necesario entender que el mover de Dios conocido como avivamiento: primero, trae arrepentimiento genuino sobre el ser humano, segundo produce fuego y pasión por las almas; y tercero revive el primer amor que estaba muerto despertando hambre y sed por su justicia.

¿Qué es avivamiento?

Avivamiento, es un término que describe un proceso de despertar religioso en un lugar, y se define como "una acción totalmente iniciada por Dios en la que los creyentes oran, se arrepienten de sus pecados, y vuelven a una relación santa, llena del Espíritu Santo. La palabra hebrea "Hayah-chayah", es la que se traduce como avivamiento, la cual significa: recobrarse, reparar, traer a la vida de nuevo algo que está muerto.

¿Es bíblico este concepto? ¿Realmente se encuentra en la Biblia esta palabra? Literalmente en las Escrituras, no (como algunos sostienen hasta cierto punto), en cuanto a lo literal se refiere, quizás alguna versión moderna de las Escrituras hoy en día ya lo contemple, pero en realidad las Escrituras antiguas no. En la Palabra de Dios encontramos acontecimientos sobrenaturales a los cuales el ser humano ha bautizado con el nombre de "avivamiento", indicando un despertar espiritual y un gran mover del poder de Dios, donde el primer amor que estaba en la tumba resucita, y grandes cantidades de personas no creyentes son atraídas por el Espíritu Santo al arrepentimiento, ejemplo a esto como sucedió en los tiempos de la iglesia primitiva. Pero el que esta palabra no se encuentre de manera literal, esto no significa que emplearla no sea correcto, ya que su significado real nos muestra, que está entrelazado con el objetivo principal del Señor, acercar a su pueblo a su presencia.

Todos hoy en día clamamos por "avivamiento", nuestra nación gime a una por él, las almas que no tienen a Cristo se marchitan como una flor, las congregaciones lloran por ese mover extraordinario de la gloria de Dios. El avivamiento más que multitudes, es un revivir espiritual, porque pueden haber miles de personas reunidas en una congregación, pero eso no indica que sea un avivamiento, puede ser que solo sean huesos secos y nada más. Escuchan la Palabra de Dios, pero no les causa ningún efecto, porque siguen sus vidas según le parezca desorientada totalmente de la voluntad del Señor.

Avivamiento es sepultura al pecado y a los deseos que oferta este mundo, deseos que le agradan a nuestra carne y que están influenciados por Satanás; avivamiento es vivir para Dios y hacer su voluntad, es un despertar espiritual donde el creyente busca a Dios en oración y ayuno agonizante.

Avivar, es un término relacionado con muerte y vida, a su vez es un concepto que se refiere a revivir algo que está muerto o despertar algo que está dormido, como nos expresa Efesios 5; 14 "Por lo cual dice: despiértate, tu que duermes, y levántate de los muertos, y te alumbrará Cristo".

El obispo Festo Kevengere, del África oriental, instrumento de Dios para mantener el fuego de Dios, define el avivamiento de la siguiente manera: "Se da avivamiento, cuando Cristo llega a ser el Señor resucitado y viviente en la vida del creyente. Para el incrédulo sucede cuando tiene una confrontación con Cristo y le acepta a Él como su Salvador, cambiando así completamente su vida, tanto moral como éticamente. En otras palabras hay avivamiento cuando Cristo llega a ser~ realmente sentido en la vida de una persona, cambiando esa vida...El avivamiento realmente es Jesucristo mismo" (Kevengere 1976: 10).

Esta obra titulada "AVIVAMIENTO", es una estipulación para hablar a tu corazón y a tu mente, donde quiero aclararte algunos principios básicos los cuales tienes que considerar para tener un gran y verdadero avivamiento. Mi deseo es que sepas lo que significa, lo conozca a la perfección y que al conocerlo, lo vivas.

Una gran lluvia se oye el fuego del Espíritu Santo se aproxima; Dios ha promulgado la orden de derramar su poder sobre aquellas personas que desean tocar su manto, de una manera diferente a las de los demás. Muchos de nosotros estamos esperando aquel gran mover que tanto se a profetizado y del cual se nos ha hablado tanto. De una manera u otra las iglesias quieren experimentar la gloria de Dios, pero la triste realidad es que han buscado el avivamiento a través de esfuerzos humanos, y no de la forma cómo se registra en el libro de los Hechos. Lamentablemente hoy en día las distintas congregaciones, los grandes predicadores; los cantantes y los evangelistas acuden a las emociones humanas, para provocar un mover de Dios ficticio y a esto es que nombran como avivamiento.

En el avivamiento no hay tiempo para otra cosa que no sea buscar a Dios, orar, llorar, alabar; adorar, arrepentimiento, restitución; confesión de pecados, liberación, etc. Algo claro que tenemos que tener, es que el avivamiento no depende del hombre, sino de Dios, Él es quien derrama su gloria en un determinado tiempo y momento, ahora bien nosotros solo nos encargamos de clamar y orar para que Dios derrame su gloria.

Apreciado lector, no te conforme con leer y releer el libro de los Hechos para mantenerte con el deseo de ver un verdadero avivamiento, te invito a examinar y a entender la idea principal de este ejemplar, para que veas en qué consistía el éxito continuo de la iglesia primitiva ¿Cuáles eran las estrategias y métodos que la iglesia primitiva empleaba para atraer a las personas? ¿Cómo predicaban y testifican a Cristo?

$$\approx$$

El tema de avivamiento no es un tema fácil, especialmente en una era tan compleja como la nuestra, donde el pecado está abarrotando a las iglesias, donde el tema de la santidad no es un asunto de prioridad y donde la iglesia por no ser rechazada del mundo sea propuesto la tarea de ser igual que él.

Te recuerdo una vez más, que en este libro estaremos examinando con suma seriedad el concepto avivamiento desde la perspectiva bíblica y de manera breve nos enfocaremos en sietes principios claves, que nos revelan el ¿Por qué? la iglesia primitiva mencionada en el libro de los Hechos, vivió en un avivamiento verdadero, un avivamiento a tal magnitud que revolucionó todo su entorno. Nos enfocaremos en Hechos 2; 43-47 (La Vida de los Primeros Cristianos). Y a medida de este estudio, permitirte que puedas analizar nuestra situación actual, y comparar nuestra verdadera realidad.

Es un gran honor y un placer para mí, poder aportar a tu vida espiritual uno de los temas más revolucionarios de todas las épocas.

¡Disfrútalo al máximo y recomiéndalo al terminar!

I
Recuento Breve del Libro de los Hechos de los Apóstoles

Hechos de los apóstoles es un libro escrito por el apóstol Lucas, probablemente entre el 61 y el 64 d. J. C. y en él encontramos plasmada la historia de los inicios de la iglesia de Cristo Jesús ¿Sabías qué? El libro de los Hechos es el único libro histórico del N.T. donde se encuentra registrado de una manera precisa y concisa los acontecimientos de los inicios de la iglesia primitiva, donde se destaca de manera muy notable cómo el evangelio se expandió en aquella época y del gran avivamiento que se manifestó por manos de los apóstoles en aquellos días. En este libro podemos degustar los milagros manifestados por Dios a través del ministerio de los apóstoles, en beneficio de las personas de aquella época para gloria y honra del Señor.

❧

Para hablar de avivamiento debemos tomar como referencia el libro de los Hechos de los apóstoles, pues en él podemos destacar los rasgos distintivos de un verdadero avivamiento. Las Escrituras son nuestro modelo a seguir, a través de ellas es que debemos examinar, si en realidad a lo que llamamos avivamiento, lo es o no.

El libro de Hechos inicia con una carta de presentación de su escritor el apóstol Lucas y continúa con un breve detalle de las últimas instrucciones de nuestro Señor Jesucristo dada a los discípulos luego de haber resucitado, se destaca también la manifestación del Espíritu Santo, donde se registra que estaban todos unánimes juntos; según el relato bíblico habían como 120 personas reunidas en el aposento alto cuando fueron bautizados con la promesa de la cual habló el profeta Joel.

Continuamos el recorrido y nos detenemos en el primer mensaje predicado por el apóstol Pedro, dirigido a la multitud conglomerada que en ese momento se habían reunido por el estruendo ocurrido del hablar en otras lenguas (Hechos 2; 6-12), el cual registra la Biblia que tuvo grandes y positivos resultados en aquel momento, pues muchas personas se arrepintieron, se bautizaron y recibieron el don del Espíritu Santo y luego de este sobresaliente acontecimiento, se registra en la Palabra que hubo un promedio de convertidos como de tres mil.

🔖

Luego empezamos a encontrarnos con el avance y esparcimiento de la Palabra de Dios, de cómo se difundió rápidamente el mensaje del evangelio. Algo más que resalta el libro de los Hechos, son las cantidades de milagros realizados en beneficio de la humanidad para glorificar el nombre de Dios (Jesús). Cada milagro, señales o maravillas manifestadas a través de los apóstoles, produjeron de manera muy notable el esparcimiento de la Palabra, de modo que el número de los discípulos aumentó de manera muy relevante (Hechos 2; 47). Algo que quiero resaltar, es que en aquellos días de la iglesia primitiva no existía un modelo organizado de evangelización, tan poco existían manuales de cómo evangelizar eficazmente aquella región; ellos solo contaban con la oración, la presencia del Espíritu Santo en sus vidas y el fuego de la unción de Dios en sus corazones, aclaro este punto, para hacerte reflexionar amigo lector, en que las personas no llegarán por lo que hagamos o como lo hagamos humanamente, sino por la dependencia absoluta que tengamos en Dios.

Hoy en día nos interesamos y nos preocupamos por utilizar el método más apropiado para tener avivamiento y ver a las personas entrar en las iglesias, pero no nos preocupamos por utilizar el método más eficaz de todos los tiempos "la oración". Pensamos en todas las estrategias humanas, analizamos como si fuéramos mercadólogos. No nos hagamos vanos, el crecimiento lo da Dios y todo crecimiento fuera de su voluntad, no será aprovechado; y el problema es que cuando no es a la manera de Dios, estaremos cultivando cizañas y no trigo.

La Biblia recalca el gran avance y esparcimiento del evangelio luego que los discípulos recibieron el don del Espíritu Santo, notamos que al ser bautizado por la presencia misma de Dios se produjo un gran mover de la gloria del Todopoderoso en aquel momento, tanto así que leemos los grandes milagros que se efectuaron por manos de los apóstoles. Rasgos distintivos que se enfatizan en el libro de los Hechos y que nos indican el por qué la gloria de Dios se había derramado de una manera sobrenatural; y era porque ellos estaban unánimes y además tenían un mismo sentir (Hechos 2; 44-46). La oración no faltaba en aquel momento, pues cuando se realizó el milagro en la vida del cojo en la puerta del templo llamado la Hermosa (Hechos 3; 1-10), registra la Biblia que Pedro y Juan iban a orar en ese momento.

Es por eso la necesidad de saber que es un avivamiento en realidad. Quiero hacerte reflexionar de las cosas que leemos en la Palabra de Dios, comparadas con la realidad de hoy en día que se está viviendo dentro el pueblo de Dios; un avivamiento ficticio, donde no hay arrepentimiento genuino, sino que la emoción es la dirección.

En **Hechos 4; 32-37**, nos repite una serie de sucesos, que para muchos hoy en día sonarían como locura y se verían como demencia si una persona las hace, es más puedo decir a confianza que en la actualidad de cien hermanos quizás cinco haríamos lo que en este pasaje se registra:

v.32 Y la multitud de los que habían creído era de un corazón y un alma; y ninguno decía ser suyo propio nada de lo que poseía, sino que tenían todas las cosas en común. v.33 Y con gran poder los apóstoles daban testimonio de la resurrección del Señor Jesús, y abundante gracia era sobre todos ellos. v.34 Así que no había entre ellos ningún necesitado; porque todos los que poseían heredades o casas, las vendían, y traían el precio de lo vendido, v.35 y lo ponían a los pies de los apóstoles; y se repartía a cada uno según su necesidad. v.36 Entonces José, a quien los apóstoles pusieron por sobrenombre Bernabé (que traducido es, Hijo de consolación), levita, natural de Chipre, v.37 como tenía una heredad, la vendió y trajo el precio y lo puso a los pies de los apóstoles.

¡Qué ambiente más maravilloso en este pasaje bíblico que leímos, eso es lo que Dios quiere revivir hoy en medio de su santo pueblo!

Algo que notamos y es uno de los puntos en el cual nos detenemos en el breve recorrido panorámico del libro de los Hechos, es que automáticamente el poder de Dios se manifiesta en una vida o lugar comienzan a surgir los problemas, a los cuales en aquellos momentos se les llamó con el nombre de "Persecuciones".

Muchos experimentaron avivamiento pero eso le costó hasta la vida, estar en avivamiento no es como algunos lo pintan de la manera más hermosa, estar en avivamiento es ser revivido por la gloria de Dios pero a la vez es enfrentarse a las fuerzas opositoras del enemigo que no quieren ser desplazadas de su territorio gobernado.

Cuando expandimos el reino de Dios desplazamos a Satanás y sus seguidores de sus tierras y ese desplazamiento produce guerras espirituales, que aunque Dios se está manifestando de una manera poderosa, el enemigo no se queda con los brazos cruzados, como pasó con Pedro y Juan, registra la Biblia que fueron presos y azotados por el milagro efectuado en la vida del cojo, otro gran ejemplo es el de Esteban , el cual fue preso y luego apedreado hasta morir, porque con sabiduría exponía la Palabra de Dios, y además porque muchas personas se convertían a través del evangelio que él les predicaba. Si quieres tener avivamiento tienes que pagar un precio, pero descuida; lo bueno de todo esto es que no estamos solos (Éxodo 14; 14).

Te invito a leer juntamente el libro de los Hechos de los apóstoles, al compás de este libro "Avivamiento", pero a la vez te motivo a que busque con oración y ayuno la dirección de Dios para que se manifieste el verdadero avivamiento en tu vida y que cuando ese fuego de expandir el reino de Dios se encienda en tu corazón, entonces tú puedas contagiar a otros.

Para que hoy en día podamos ver manifestarse lo mismo que leemos en el libro de Hechos, debemos vivir como se vivía en aquella época, no en la carne, sino en lo espiritual, agradando a Dios en todo tiempo.

Recuerda que: El avivamiento trae arrepentimiento genuino, produce grandes cambios, manifiesta la gloria de Dios; trae progreso del evangelio, expande la Palabra del reino, transforma, el avivamiento verdadero solo Dios lo puede manifestar.

II
La Predicación En Medio Del Avivamiento

"Toda la Escritura es inspirada por Dios, y útil para enseñar, para redargüir, para corregir, para instruir en justicia, a fin de que el hombre de Dios sea perfecto, enteramente preparado para toda buena obra"
-2 Timoteo 3:16-17.

En este punto vamos a enfatizar la relevancia que tiene la predicación en medio del avivamiento, el papel principal que esta juega en medio de un gran mover de Dios. La predicación, es proclamar el Evangelio de Jesucristo y otras verdades Bíblicas relacionadas con Él, de manera que los oyentes sean motivados a creer y a tomar una decisión de vida o muerte.

Ernesto Dueck expresa acerca de lo que es la predicación: "La predicación de la Palabra de Dios se encuentra entre los privilegios más grandes confiados al hombre. Es además una de las más grandes responsabilidades".

Nos basaremos en tres puntos en este capítulo, los cuales son clave para hablar de la función que tiene la predicación en medio de un avivamiento:
"Te encarezco delante de Dios y del Señor Jesucristo, que juzgará a los vivos y a los muertos en su manifestación y en su reino, que prediques la palabra; que instes a tiempo y fuera de tiempo; redarguye, reprende, exhorta con toda paciencia y doctrina. Porque vendrá tiempo cuando no sufrirán la sana doctrina, sino que teniendo comezón de oír, se amontonarán maestros conforme a

sus propias concupiscencias, y apartarán de la verdad el oído y se volverán a las fábulas" -2 Timoteo 4:2-4.

≈

La Predicación Antes del Avivamiento

Los apóstoles que vemos en el libro de los Hechos, que predicaron la Palabra de Dios con denuedo y convicción, seleccionados y escogidos por nuestro *"Gran Maestro Jesús"*, estos apóstoles usaron la Palabra de Dios, como el instrumento regulatorio del gran desborde de la presencia. (San Mateo 10; 1-4)... (Cabe destacar que muchos discípulos mencionados en el libro de los Hechos, no fueron llamados directamente por Jesús durante su ministerio, sino que habían sido convertidos durante el ministerio de la predicación de los apóstoles, ejemplo de esto es el hermano Esteban, quien murió por causa de la predicación de la Palabra (Hechos 6;5, 59)).

Este libro destaca cómo influyó el mensaje predicado por los apóstoles. Este gran éxito tuvo un comienzo. Aunque muchos teólogos descartan la intelectualidad y el conocimiento en la vida del apóstol Pedro, cabe resaltar que si bien no estuvo con Gamaliel, anduvo con Jesús de Nazaret *"El Maestro de los maestros"*. Quizás Pedro y los otros apóstoles no asistieron a una universidad de teología, pero si fueron edificados e instruidos bajo las enseñanzas del *"Todopoderoso"*. San Lucas 24; 45-49, nos enseña que antes de Jesús ser levantado duró un lazo de tiempo instruyendo a sus discípulos y declarándoles todas las cosas ¿Cuánto duró esta última materia de teología? No lo sabemos, pero solo podemos decir, que fueron bien edificados.

≈

Lo que miramos en el libro de los Hechos por manos de los apóstoles, descubrimos que fue lo que cada uno de ellos habían aprendido del Señor Jesús y que ahora lo estaban poniendo en práctica. Antes escuchaban a Jesús predicar y enseñar, ahora les tocaba a ellos ejercer su ministerio y cumplir con la gran comisión.

San Marcos 16

Vv.15 Y les dijo: Id por todo el mundo y predicad el evangelio a toda criatura. Vv.16 El que creyere y fuere bautizado, será salvo; mas el que no creyere, será condenado. Vv.17 Y estas señales seguirán a los que creen: En mi nombre echarán fuera demonios; hablarán nuevas lenguas; Vv.18 tomarán en las manos serpientes, y si bebieren cosa mortífera, no les hará daño; sobre los enfermos pondrán sus manos, y sanarán.

Jesús les dijo: *"Que predicaran el evangelio a toda criatura"*. Lo primero de todo es la *Predicación*, esta da a conocer la voluntad de Dios en la vida del creyente. Una buena predicación, nutre y edifica. Para hablar de avivamiento debemos tomar en cuenta la predicación de la Palabra de Dios y no acudir a las emociones que se manifiestan de diferentes maneras. La predicación en un avivamiento, es como un control que regula el gran desborde de la presencia de Dios, en medio del pueblo santo.

Los apóstoles habían pasado un promedio de tres años recibiendo las excelentes enseñanzas del Maestro, habían sido instruidos bajo los pies de Jesús de Nazaret, esto benefició el cien por ciento en la calidad de la predicación y contribuyó al gran avivamiento manifestado luego del día de pentecostés.

※

Antes del avivamiento los apóstoles estuvieron preparándose para lo por venir. La Palabra de Dios nos registra que Jesús les había dicho que no salieran hasta que fuesen revestido con el poder y la unción del Espíritu Santo (Hechos 1; 4, 8, 13), pero luego que esto se confirma inmediatamente se agrupa una multitud curiosa, con deseo de saber lo que estaba pasando (Hechos 2; 1-7), registra la Biblia que Pedro aprovechó ese momento para predicar su primer mensaje (Hechos 2; 14, 37-42). La predicación de este mensaje trajo como resultado la conversión de muchos al evangelio, el mensaje de Pedro fue la inauguración del gran avivamiento, que expandiría como fuego en la pradera el reino de los cielos en aquella región.

-Hechos 2-
Vr.41 *Así que, los que recibieron su palabra fueron bautizados; y se añadieron aquel día como tres mil personas.*

-Hechos 5-
Vr.14 *Y los que creían en el Señor aumentaban más, gran número así de hombres como de mujeres; Vr.15 tanto que sacaban los enfermos a las calles, y los ponían en camas y lechos, para que al pasar Pedro, a lo menos su sombra cayese sobre alguno de ellos. Vr.16 Y aun de las ciudades vecinas muchos venían a Jerusalén, trayendo enfermos y atormentados de espíritus inmundos; y todos eran sanados. Vr.7 Y crecía la palabra del Señor, y el número de los discípulos se multiplicaba grandemente en Jerusalén; también muchos de los sacerdotes obedecían a la fe.*

La Predicación Durante el Avivamiento

La historia nos relata que en 1731, Jonathan Edwards predicó un "*Sermón público*", más tarde publicado con el título "*Dios glorificado en la dependencia del hombre*", en un renacimiento religioso que tuvo lugar en Northampton, alcanzando tal intensidad, en el invierno de 1734 y en la siguiente primavera, como para amenazar el negocio de la ciudad. En seis meses, cerca de trescientas personas fueron admitidas en la iglesia.

La predicación en medio del avivamiento es sumamente esencial, si no hay predicación en el despertar espiritual del pueblo de Dios, habrá un desenfreno y un gran desorden, tanto así que probablemente surgirán nuevas doctrinas, por las supuestas revelaciones que se dan en momentos como esos, como resultado de las emociones.

En el mover que se originó en la iglesia de Antioquía luego que los apóstoles habían predicado por todo lugar (Hechos 11; 21), la Biblia registra que enviaron a Bernabé, pero no obstante a eso, él mismo fue y buscó a Saulo, en Tarso donde se encontraba residiendo y nos registran las Escrituras que luego duraron un período de tiempo en esa iglesia enseñando y predicando la Palabra de Dios (Hechos 11; 22-26). *¿Cuál fue el motivo de Bernabé, de acudir a buscar Saulo? ¿Por qué tuvieron que enseñar y predicar durante un periodo de tiempo?* A veces estamos equivocados con lo que es un avivamiento. Un avivamiento no es desorden, sino orden, muchos cristianos fanáticos viven una vida en puro desorden, pero lo peor aún que este desorden emocional lo atribuyen a la obra del Espíritu Santo. Cuando Dios se manifiesta de una manera gloriosa en una región determinada, si no hay una orientación bíblica de la Palabra será un caos como *"una pistola en manos de un bebe".*

$$\gtrless$$

Muchos de los grandes avivamientos de la historia quedaron sepultados en el pasado, por la falta de la predicación de la Palabra de Dios. Fueron edificados en las emociones humanas y no en las Escrituras. Queremos que lo que Dios tiene para este siglo presente, sea un fundamento sólido y duradero; no un cimiento basado en los fundamentos religiosos, fanáticos y emocionales que están desenfrenando y desviando al pueblo de Dios.

Cada líder debe de nutrirse de la sana doctrina y predicar con convicción la Palabra de Dios. Quien quiera ver un avivamiento verdadero, estable y provechoso; deberá exponer la Palabra con verdad, y esta verdad conlleva estudio y dedicación.

$$\gtrless$$

La Predicación Después Del Avivamiento

"Cuando las aguas del estanque agitadas por la presencia de Dios se calman, entonces necesitamos más la predicación bíblica".

Una predicación que mantenga viva nuestra esperanza, que nutra nuestra convicción y que aumente nuestra fe en Dios.

Muchas de las denominaciones que fueron sumergidas con el avivamiento en los siglos pasados, están muy divorciadas de las realidades con la cual Dios la impactó en generaciones pasadas ¿Por qué?, puedo decir, que por falta de la predicación Cristocéntrica. Cuando no hay una orientación a través de la Palabra, cuando la voz de Dios escasea en medio de su pueblo, la generación que se levanta no conoce los hechos del gran Dios, entonces transitan ciegamente y al caminar de esa forma se engendran muchos errores, de los cuales resultados negativos como esos, son hoy en día los causantes de tantas diferentes creencias y todo por falta de la predicación bíblica.

Cada hermano debe poner su objetivo en la Palabra de Dios después que el avivamiento a agitado las aguas, es un gran deber nuestro instruir a cada creyente como nos manda las Escrituras en (II Timoteo 3; 16) que: *'Toda la Escritura es inspirada por Dios, y útil para enseñar, para redargüir, para corregir, para instruir en justicia'.* El orden ministerial de cada denominación debe de ser fundamentado en la Palabra y no en las convicciones (Efesios 2; 20) *'Edificados sobre el fundamento de los apóstoles y profetas, siendo la principal piedra del ángulo Jesucristo mismo'.*

֍

El apóstol Pablo luego que hizo su recorrido por algunas regiones, después procedía a dar un seguimiento, confirmando los ánimos y estableciendo los líderes idóneos al frente de las iglesias (Hechos 15; 41, 18; 23). La preocupación del apóstol era la perseverancia del creyente en el camino del evangelio (Filipenses 1; 3- 4). Esa misma preocupación debe ser la de nosotros, procurar el desarrollo y el crecimiento espiritual de los demás. Luego que tenemos el avivamiento hay que hacer énfasis en lo que es la discipulación a través de la Palabra, fundamentar a los creyentes en la roca llamada Jesús. Cuando un nuevo creyente es discipulado a través de la Biblia de una manera correcta, será de mucho beneficio para el reino, como lo fue Timoteo y otros creyentes que ya conocemos.

Un avivamiento fundamentado en la Palabra, será un avivamiento duradero y provechoso. La predicación en tiempo del avivamiento, es sumamente esencial, miremos estos tres puntos ya antes mencionados como: Antes "lo que uno espera de Dios", durante "Lo recibido de parte de Dios" y después "Mantener lo que Dios nos ha dado".

Principio 1

Temor a Dios

"Así que, recibiendo nosotros un reino inconmovible, tengamos gratitud, y mediante ella sirvamos a Dios agradándole con temor y reverencia"
-Hebreos 12:28.

"Y sobrevino temor a toda persona".
-Hechos 2:43

En este primer capítulo trataremos el tipo de temor que sintieron los nuevos convertidos que se registra en el libro de los Hechos. Según el diccionario la palabra *"Temor",* se clasifica en dos tipos: *Servil y Filial.* El primero *"Temor Servil",* es el que procura evitar el pecado por miedo a la pena que lleva consigo, es tener miedo o terror de algo que pueda suceder. El segundo es el *"Temor Filial",* el cual procura evitar el pecado por entender que es contrario a la naturaleza de Dios.

El tipo de temor que nos basaremos en este capítulo es el *"Temor Filial",* el cual es producido por el Espíritu Santo cuando entra o se manifiesta en la vida de un creyente. Este tipo de temor provoca que esa persona tenga respeto y reverencia hacia el Altísimo y produce una mejor conducta en la vida del nuevo creyente; tanto interna, como externa. Cuando leemos en *(Hechos 2; 43)* notamos según el contexto de este pasaje que se refiere al *"Temor Filial",* es decir, al respeto que esas personas sentían en cuanto a Dios se refería, un sentimiento profundo que fue producido en sus corazones por el Espíritu Santo, luego de haberse convertido al Señor Jesús. La palabra que se utiliza cuando dice "y sobrevino temor", es la palabra griega *"Fobo",* la cual se traduce como: "temor reverencial o respeto".

Este tipo de temor estaba originando en ellos el correcto y debido comportamiento que correspondían tener en todo lo relacionado a Dios. Esto también producía en ellos un cambio en su conducta de una manera inmediata, engendrando una forma de vida apartada del pecado, entregados a la santidad buscando la manera de agradar al Señor en todo lo que hacían, decían y pensaban, ellos procuraban vivir como nos manda el escritor del libro de los Hebreos 12; 14 *"Seguid la paz con todos, y la santidad, sin la cual nadie verá al Señor".*

Tenemos que tener en cuenta que el temor producido por el Espíritu Santo, no dirige a las personas a sentir miedo y terror a Dios, tan poco provoca que las personas se alejen; sino más bien que impulsa en la vida del creyente un cambio interno, el cual se refleja en lo externo.

🖋

Quizás te preguntarás ¿Qué tiene que ver el temor filial con el avivamiento? Es simple, si no tenemos temor a Dios, no haremos su voluntad y estaremos como animales e irracionales y sin reglas, viviendo según la voluntad de la carne y no según la del Espíritu Santo, y la vez permaneciendo en un estilo de vida completamente apartados de la presencia de Dios.

Romanos 8 Vv.5 Porque los que *son de la carne piensan* en las cosas de la carne; pero los que son del Espíritu, en las cosas del Espíritu. Vv.6 Porque el ocuparse de la carne es muerte, pero el ocuparse del Espíritu es vida y paz. Vv.7 Por cuanto los designios de la carne son enemistad.

Según el comentario del Sr. Stanley M. Horton declara lo siguiente:
El testimonio constante de los apóstoles sobre la resurrección de Cristo produjo un temor reverencial (que incluía un sentido de pavor en presencia de lo sobrenatural) en toda persona que oía. Esto se puso más de relieve aún por los numerosos prodigios y señales hechos por los apóstoles. (Esto es, hechos por Dios a través de los apóstoles.) El griego indica que eran agentes secundarios. El que hacía la obra realmente era Dios. (Compare con I Corintios 3:6.)

🖋

El temor hacia el Señor no es necesariamente tener miedo o respeto, sino que va más allá de este simple significado secular, es procurar andar de la mejor manera ante los ojos de Dios, como Él testifica ante Satanás, con respecto a Job (1; 8). ¿Podrás Dios testificar de esa misma manera sobre nosotros en estos tiempos?

Hoy en día estamos mirando la falta de respeto en la casa de Dios y aun viviendo en ese estilo de vida que al Señor no le agrada, queremos experimentar avivamiento, sabiendo que estamos muertos espiritualmente. Las personas no quieren reconocer la triste realidad, en la que muchos de los creyentes se ven involucrados hoy en día; con apariencia de que están vivos, cuando en realidad están muertos. El temor a Dios, es un elemento impresionante que nos ayuda a reconocer su poder y gloria. La falta de temor nos limita hacer la voluntad de Dios, pues a la vez, es algo que nos separa de su gloria. Estar lleno del Espíritu Santo es nuestra ancla para estar conectados a la plena y perfecta voluntad de Dios.

Antes que el avivamiento se manifieste en la vida del creyente, primero él debe entender que no puede vivir en dos aguas, es decir: una vida en santidad y pecado, en luz y tinieblas, en victoria y derrota, con la iglesia y con el mundo, en Dios y con Satanás (II Corintios 6; 14-18). Para poder vivir en avivamiento y contagiar a otros, hay que tener en cuenta este primer punto "Temor a Jehová"; el cual es el principio de la sabiduría (Proverbios 9; 10).

℘

En estos tiempos que estamos viviendo, muchos líderes y hermanos en Cristo quieren experimentar el avivamiento en sus vidas viviendo en pecado y el problema no es en realidad el pecado, porque todos somos pecadores, el inconveniente es que ellos no se quieren apartar del mal camino y tan poco manifestar un verdadero arrepentimiento (el arrepentimiento es un cambio de dirección).

En la actualidad se ha perdido el respeto a la casa de Dios, de modo que hay líderes carnales dirigiendo la grey del Señor ¡Que grave error! Debemos de tomar muy en cuenta que para empezar a tener avivamiento en nuestra congregaciones, hay que crucificar al pecado, morir a la carne y a los deseos mundanos, desde los lideres hasta los miembros (Colosenses 3; 5) "Haced morir, pues, lo terrenal en vosotros: fornicación, impureza, pasiones desordenadas, malos deseos y avaricia, que es idolatría", porque es la única manera que podemos experimentar avivamiento. (Efesios 4; 22) "En cuanto a la pasada manera de vivir, despojaos del viejo hombre, que está viciado conforme a los deseos engañosos". Renunciando a las ofertas de Satanás, para comenzar a vivir en Dios; es cómo podemos experimentar "avivamiento", (Santiago 4; 4) ¡Oh almas adúlteras! ¿No sabéis que la amistad del mundo es enemistad contra Dios? Cualquiera, pues, que quiera ser amigo del mundo, se constituye enemigo de Dios. Esta verdad es una de las grandes causas por las cuales muchas personas no experimentan avivamiento. "Rompiendo con el mundo, es como te reconectas con Dios".

En el tiempo que tengo en esta vida con juicio y capacidad de pensar, he escuchado a muchas personas decir: "Yo tengo temor de Dios", personas hasta borrachas; otras que vivían en un estado constante de pecado. En muchas ocasiones esas afirmaciones fueron para mí, muy chocante. El decir: "Yo tengo temor de Dios" y el cometer todo lo contrario a lo que Dios quiere que nosotros hagamos, es algo muy contradictorio. He visto dentro de la iglesia, semejante contradicción entre lo "que se dice y lo que se hace"; muchos dicen una cosa y sus hechos demuestran otra (Tito 1; 16). Dios quiere revivir esa sensibilidad en medio de su pueblo.

Hoy en día Él está demandando el reconocimiento del estado espiritual en el cual tristemente nos encontramos. Dios quiere sinceridad, reconocimiento y confesión de pecados. Para tener un derramamiento de su Espíritu Santo, de manera gloriosa y experimentar el avivamiento apostólico con la calidad que los apóstoles experimentaron en el libro de los Hechos; debemos de retomar nuestro lugar como hijos obedientes de Dios. "Solo el temor a Dios, ayuda a que las personas vivan una vida apartadas del mal, donde solo piensen en como agradar a Dios".

En (Génesis 3; 9-10) podemos notar que el temor que sintieron Adán y Eva, es el temor "Servil", muy diferente al que se trata en (Hechos 2; 43) que es el "Filial". En el capítulo de (Génesis 2; 43). Adán y Eva sentían miedo por las cosas que ellos habían cometido y sabían que Dios le había advertido en cuestión de no comer de ese árbol porque el día que ellos comieran iban a morir delante la presencia de Dios (Génesis 2; 16-17).

Ellos sabían que tenían que pagar las consecuencias, y es por eso que cuando ellos comieron sintieron temor (miedo, terror) y al escuchar la voz de Dios se escondieron. Pero el temor que sentían los primeros cristianos en el libro de los Hechos, era aquel temor que provoca que nos alejemos del árbol que Dios nos dijo que no comamos, es aquel que provoca que nos limitemos de las cosas del mundo para agradar a Dios, un tipo de temor que nos purifica y nos ayuda a vivir una vida apartada del mal "Santidad". El temor que nos lleva a orar, es beneficioso y el temor que nos aterra y nos paraliza, es destructivo.

Citas Bíblicas Que Hacen Referencia Al Temor Reverencial

~ *Salmos 2:11 Servid a Jehová con temor [...]*
~ *Salmos 111:10 El principio de la sabiduría es el temor de Jehová [...]*
~ *Proverbios 14:27 El temor de Jehová es manantial de vida [...]*
~ *Proverbios 15:33 El temor de Jehová es enseñanza de sabiduría [...]*
~ *Proverbios16:6 [...] Y con el temor de Jehová los hombres se apartan del mal.*
~ *Proverbios 19:23 El temor de Jehová es para vida [...]*
~ *Isaías 8:13 A Jehová de los ejércitos, a él santificad; sea él vuestro temor [...]*

- *II Corintios 7:1 Así que, amados, puesto que tenemos tales promesas, limpiémonos de toda contaminación de carne y de espíritu, perfeccionando la santidad en el temor de Dios.*
- *Filipenses 2:12 [...] ocupaos en vuestra salvación con temor y temblor.*
- *Hebreos 12:28 Así que, recibiendo nosotros un reino inconmovible, tengamos gratitud, y mediante ella sirvamos a Dios agradándole con temor y reverencia.*

Cada cita bíblica explica de cómo debemos de conducirnos en lo que corresponde a Dios, para tener avivamiento en nuestra vida espiritual y así poder contagiar a otros con el fuego de Dios. Debemos de examinarnos y mirar si estamos viviendo como a Dios le agrada, porque si el "Temor Filial" se pierde; se estará perdiendo el respeto a Dios en todas las cosas que desempeñemos. "El temor que manifestemos hacia Dios, marcará la diferencia en nuestra vida o para bien o para mal". El temor producirá en ti, una vida en pleno avivamiento interno, renacido por el amor de Dios, para ser apto de anunciar el evangelio del reino a toda criatura en todo lugar.

¿Cómo Podemos Saber si Tenemos Temor a Dios?

El temor a Dios implica algunos puntos básicos como:

1. Amar a Dios sobre todas las cosas de mi vida y de este mundo.
2. Amar a todas las personas, no importando de cómo sea, o de quienes sean.
3. Estar apartado del pecado aunque nadie me está viendo.
4. Estar apartado del mundo y de las cosas que hay en él.
5. Estar realizando la voluntad de Dios en nuestras vidas.
6. Ser diferente entre los iguales, marcar la diferencia como hijos de la luz.

7. Aplicando la Palabra de Dios en nuestras vidas, nada más no leyéndola, sino cumpliéndola, es fácil leerla pero lo difícil es cumplir con ella y aplicarla a nuestras vidas.
8. Dando frutos de cristiano, o mejor dicho como hijo de Dios, nacido de nuevo.
9. Cuidando el testimonio como cristiano que somos y como imitadores de Cristo.
10. Procurando ser aprobado delante de Dios. Para culminar con este capítulo que trata sobre el temor que debemos de tener en el camino trazado por nuestro Dios, voy a tratar algunos puntos muy esenciales los cuales la mayoría de las personas conocen, pero pocos los practican:

El Pecado: Podemos definir la palabra pecado de una manera muy sencilla, como todo lo que hacemos que no agrada a Dios. También es cualquier desviación de la voluntad revelada de Dios: ya sea no hacer lo que Él ha ordenado definidamente, o realizar lo que específicamente ha prohibido. El pecado establece una barrera ante la presencia de Dios y el ser humano, el pecado mancha la ropa con la cual fuimos vestidos cuando nos bautizamos, el pecado es un veneno que acaba con nuestra vida espiritual, el pecado es un agujero en nuestra vasija que nos saca la gloria de Dios con la cual Él nos llenó. "Hay que llamar al pecado por su nombre y no se puede tener en casa como una mascota".

La Santidad: Es el estado que un individuo alcanza cuando vive una vida separada del mal o del pecado y es el estado el cual Dios quiere que lleguemos a estar en nuestras vidas. La santidad es la casa de Dios, también es interna y se refleja en lo externo, nos revela el rostro de Dios y nos constituye como hijos suyos herederos de la promesa. (Filipenses 1:6) estando persuadido de esto, que el que comenzó en vosotros la buena obra, la perfeccionará hasta el día de
Jesucristo.

La Oración: A través de la oración abrimos el camino para que venga el avivamiento. Un pueblo sin oración, es un pueblo derrotado; una vida sin oración, es una vida vacía; una iglesia sin oración, es una iglesia muerta donde las aguas están estancadas produciendo bacterias que enferman las vidas espirituales de los creyentes.

Hay tantas cosas por la cual orar y más aún por la sociedad que nos rodea. No importa la nación o país que sea, el mundo entero necesita intercesores que clamen a Dios; el sistema del mundo cada día empeora y se corrompe, Dios quiere que su pueblo tome su lugar en la oración como atalayas y que a través de la oración ganemos batallas y guerras.

El enemigo sabe que si todo el cuerpo del Señor toma su lugar en la oración, el avivamiento más grande de los tiempos ocurriría; por eso nuestro adversario se opone a que utilicemos el arma más poderosa que tenemos al alcance de nuestras manos "La Oración". De rodillas ganamos todas las batallas, de rodillas estamos más cerca de Dios, somos una amenaza para el reino de las tinieblas cuando estamos en involucrados en la oración.

"Todos los grandes conquistadores de almas, a través de los siglos, han sido hombres y mujeres incansables en la oración. Conozco a casi todos los oradores que han tenido éxito en la generación actual, así como a los de la generación anterior, y sé que todos ellos han sido hombres de intensa oración".

–Orlando S. Boyer

"Orad sin cesar".
–I Tesalonicenses 5:17

Cuando la unción del Santo viene sobre nosotros, la autoridad es delegada por el Señor para respaldar su Palabra. A través de la

Palabra es que podemos experimentar cosas extraordinarias, como lo experimentaron los apóstoles y muchos grandes y humildes siervos del Señor. Cuando se manifiesta la unción nuestro enemigo nos tiene cuidado y más aún cuando reconocemos el respaldo divino que está a nuestro favor. Con la unción de Dios es cómo podemos combatir a Satanás en nuestras iglesias, y sacarlo de nuestro sector, de nuestras familias, Satanás tiene que irse de los lugares que le pertenecen a los hijos de Dios.

$$\approx$$

La sabiduría humana vs El poder de Dios: El apóstol Pablo nos dice en la Palabra de Dios, cuando él escribe su primera carta a la iglesia de Corintios en el capítulo 2 lo siguiente:

Vr.1 *Así que, hermanos, cuando fui a vosotros para anunciaros el testimonio de Dios, no fui con excelencia de palabras o de sabiduría.* Vr.2 *Pues me propuse no saber entre vosotros cosa alguna sino a Jesucristo, y a éste crucificado.* Vr.3 *Y estuve entre vosotros con debilidad, y mucho temor y temblor;* Vr.4 *y ni mi palabra, ni mi predicación fue con palabras persuasivas de humana sabiduría, sino con demostración del Espíritu y de poder,* Vr.5 *para que vuestra fe no esté fundada en la sabiduría de los hombres, sino en el poder de Dios.*

En estos tiempos presente estamos realizando un intercambio, cambiando el poder de Dios por la sabiduría de este mundo; la elocuencia, la preparación teológica para presumir que sabemos y estamos estableciendo nuevos patrones humanos, donde la gloria de Dios se ha apartado. *(1 Corintios 3:18) "Nadie se engañe a sí mismo; si alguno entre vosotros se cree sabio en este siglo, hágase ignorante, para que llegue a ser sabio".*

$$\approx$$

Está bien tener conocimiento y saber interpretar las Escrituras, no está mal que seamos teólogos, ni mucho menos que seamos apologéticos en lo que creemos; lo que está mal es intercambiar el poder de Dios, por la sabiduría humana.

Recordemos quien era Saulo, la Biblia nos declara que Saulo fue un hombre bien preparado en las cuestiones de la ley, tanto así que la Biblia nos destaca quien fue su maestro "El Doctor Gamaliel", un hombre poderoso en las Escrituras y uno de los maestros más reconocido de su historia. Saulo tenía base en su conocimiento, él fue bien preparado, pero a su educación le faltaba algo que fue lo que marcó su vida *"Un Toque del Maestro",* cuando Saulo fue tocado por Jesús registra la Biblia en (Hechos 9; 4) que cayó en tierra y que al abrir los ojos estaba ciego.

Sabes hoy en día muchos cristianos deben de caer en tierra y ser segados para que se enfoquen en las cosas que realmente deben de enfocarse *"El poder de Dios".* Automáticamente Saulo tiene un encuentro con Dios, el nombre le fue cambiado a Pablo, ya no era el *"Gran Saulo",* ahora era nada más y nada menos un siervo de Cristo.

En realidad el nombre de Saulo era un nombre hebreo helenizado del apóstol que había adoptado rasgos y costumbres de los griegos antiguos en su niñez. Pablo viene del griego, *Paulos,* en latín, *pequeño.* Probablemente llevaba ambos nombres desde la niñez, pero comenzó a usar el nombre grecorromano al iniciar su ministerio entre los gentiles. El apóstol Pablo nos expresa su posición frente a las cosas que antes para él eran ganancias, cuando se dirige a los Filipenses en el capítulo 3: 8-9 *"Y aún más: Considero como pérdida todas las cosas, en comparación con lo incomparable que es conocer a Cristo Jesús mi Señor...".*

Cuando somos tocados por Dios dejamos a un lado nuestro conocimiento y nos apropiamos de Su poder. Puede ser que prediques bien, excelente y con mucha elocuencia, pero si no estás lleno del poder de Dios, tu mensaje solo llegará al oído y quizás a la mente; pero nunca penetrarás en los corazones de las personas. Las palabras con poder y unción de lo alto, son las únicas que viajan dentro del cuerpo del ser humano penetrando todo por completo, hasta llegar al corazón; para quebrantarlo y atraerlo al arrepentimiento genuino. (Hebreos 4; 12) "Porque la Palabra de Dios es viva y eficaz, y más cortante que toda espada de dos filos; y penetra hasta partir el alma y el espíritu, las coyunturas y los tuétanos, y discierne los pensamientos y las intenciones del corazón".

Hoy en día se necesita el poder de Dios, para lograr tener avivamiento verdadero. Que tu enfoque sea llegar al corazón y no el de agradar a los hombres. (Gálatas 1:10) Pues, ¿busco ahora el favor de los hombres, o el de Dios? ¿O trato de agradar a los hombres? Pues si todavía agradara a los hombres, no sería siervo de Cristo.

-Hechos 16-

"Vv.13 Y un día de reposo salimos fuera de la puerta, junto al río, donde solía hacerse la oración; y sentándonos, hablamos a las mujeres que se habían reunido. Vv.14 Entonces una mujer llamada Lidia, vendedora de púrpura, de la ciudad de Tiatira, que adoraba a Dios, estaba oyendo; y el Señor abrió el corazón de ella para que estuviese atenta a lo que Pablo decía".

No trates de impresionar al hombre, no quieras verte como un negociante del mensaje divino, solo por querer causar una buena impresión ante los demás. La unción vale mucho más que todo lo que el ser humano te puede brindar en este mundo. El ser usado por Dios es el rango más honorable que cualquiera pudiese tener en este mundo. Por más alto que te veas en Dios, por más espiritual que te sientas debes de reconocer que solo eres un siervo inútil, que hace lo que tiene que hacer. Dios busca hombres y mujeres que se sientan inútiles e inservibles, para usarlo con gloria y poder; Él busca vasijas que se dejen moldear y pasar por el proceso de la preparación (Horno). El avivamiento está en las manos de los siervos que tienen temor a Dios, que oran, ayunan y que son humildes, hombres y mujeres que dependen por completo de Dios en todo y que nunca se robarían ni buscarían la gloria que les brinda este mundo. Muchas personas hoy en día ministran en la presencia de Dios estando en pecado, otros salen a la batalla en contra del enemigo viviendo una vida continuamente en pecado, pero en este capítulo quiero hacerte recapacitar, no de una manera teológica o con palabras brillantes para cautivar tu atención ¡No! sino, con palabras sencillas para que puedas entender. Quiero que sepas que para ver manifestado el gran avivamiento, el cual Dios desea para este tiempo, debes despojarte de las cosas que no agradan al Señor "El Viejo Hombre". Cosas las cuales te alejan de su presencia, ocasionando que Él oculte su rostro de ti.

El Santo busca personas que vivan una vida en completa sinceridad, Él anda reclutando a personas que deseen trabajar honestamente ¡Esa persona eres tú! Analiza tu vida y pídele a Dios que indague en tu corazón, que lo examine y que elimine de ti, lo que Él entienda que sea necesario.

Te invito en esta hora a no ser solamente un oidor, sino un hacedor. Como vasija de Dios debes de procurar con temor, ser una buena vasija de honra, una vasija que al Dios brindar agua, este limpia y sin contaminación. Dejemos que el Espíritu Santo de Dios sea quien nos friegue, es decir que nos lave desde adentro hacia fuera y que no seamos como los fariseos. *(Mateo 23)* v. *25¡Ay de vosotros, escribas y fariseos, hipócritas! porque limpiáis lo de fuera del vaso y del plato, pero por dentro estáis llenos de robo y de injusticia. v. 26¡Fariseo ciego! Limpia primero lo de dentro del vaso y del plato, para que también lo de fuera sea limpio.*

Como vasija que eres, tienes que tener una apariencia transparente, para con Dios, debes de tener en cuenta que como los vasos de cristal transparentes se visualiza su interior, así mismos debes dejar que la presencia de Dios refleje todo tu interior y que las personas puedan beber de la gloria que hay derramada en ti, la cual depositó para saciar las necesidades de este mundo, a través de su Palabra.

Reflexiona por un momento, en la forma de cómo estás viviendo tu vida como cristiano que eres; analiza, si de esa manera Dios puede enardecer avivamiento en tu vida y a través de ti todo lo que te rodea.

Según Basilio el Grande: "Hay tres estados en los que se puede agradar a Dios. O bien hacemos lo que agrada a Dios por temor al castigo y entonces estamos en la condición de esclavos; o bien buscando la ventaja de un salario cumplimos las órdenes recibidas en vista de nuestro propio provecho, asemejándonos así a los mercenarios; o finalmente, hacemos el bien por el bien mismo y estamos así en la condición de hijos".

"El pueblo que andaba en tinieblas vio gran luz; los que moraban en tierra de sombra de muerte, luz resplandeció sobre ellos" **-Isaías 9:2.**

"Si se humillare mi pueblo, sobre el cual mi nombre es invocado, y oraren, y buscaren mi rostro, y se convirtieren de sus malos caminos; entonces yo oiré desde los cielos, y perdonaré sus pecados, y sanaré su tierra. Ahora estarán abiertos mis ojos y atentos mis oídos a la oración en este lugar" **-2 Crónicas 7:14-15.**

Avivamiento, es un despertar espiritual. El verdadero avivamiento es aquel que provoca vida y que produce arrepentimiento. Mientras las vidas no sean sacudidas y transformadas en lo más profundo por el Espíritu Santo, solo estamos multiplicando el número de cristianos durmientes y moribundos en las congregaciones. Estamos cansados de huesos secos, hombres naturales, queremos avivamiento.

Según Leonor McKinney dice que hay avivamiento cuando:
~ *Hay avivamiento cuando uno se ve a sí mismo como Dios le ve.*
~ *Hay avivamiento cuando existe una convicción profunda y una búsqueda ansiosa, que nos mueve a aborrecer el pecado.*
~ *Hay avivamiento cuando se desarrolla una intensa búsqueda de Dios y de su santidad.*
~ *Hay avivamiento cuando uno siente la abundante presencia y poder de Dios.*
~ *Hay avivamiento cuando el arrepentimiento es ferviente y profundo, generalmente seguido por una sincera restitución.*
~ *Hay avivamiento cuando cada rincón de nuestro propio carácter es traído bajo el escrutinio del Espíritu Santo de Dios.*
~ *Hay avivamiento cuando hay un rechazo completo del pecado, y una completa entrega de nuestra voluntad a Dios.*
~ *Hay avivamiento cuando hay un deseo consumidor por pureza de corazón, que sobrepasa todo deseo natural.*
~ *Hay avivamiento cuando una dulce libertad viene después de la confesión dolorosa del pecado no confesado, que nos consume por dentro.*
~ *Hay avivamiento cuando el gozo y la alegría corren como río de éxtasis inexplicable.*
~ *Hay avivamiento cuando al cantar los antiguos himnos de la iglesia, y los mismos toman un nuevo y profundo significado reviviendo el primer amor.*
~ *Hay avivamiento cuando la adoración es real y viva, con esperanza y entusiasmo.*
~ *Hay avivamiento cuando las alabanzas y la adoración son la expresión profunda de un alma cuyo espíritu está glorificando a Dios.*
~ *Hay avivamiento cuando la iglesia es restaurada a su propósito original, el cual fue planeado por Dios.*

"Vuélvenos, oh Jehová, a ti y nos volveremos; renueva nuestros días como al principio"

-Lamentaciones 5:21

El avivamiento conlleva tener una relación íntima con Dios de dos maneras: al nivel personal y al nivel de la iglesia.

Al Nivel Personal

Los cristianos se arrepienten de manera profunda, y de todo corazón. Un cristiano que entra en avivamiento, no está contento con dejar atrás solamente los pecados más obvios (la borrachera, los robos y engaños, los pecados sexuales...), más bien, se examinará a sí mismo para expulsar de su vida aun los pecados escondidos que nadie sabe: las pequeñas *"mentiras blancas"*, la falsedad en los pensamientos, las actitudes de envidia, codicia y malicia hacia otras personas, las fantasías sexuales, el orgullo escondido, la ingratitud e indiferencia hacia Dios, la obediencia solo de labios y no de corazón, la cobardía cuando se trata de testificar o de levantarse por la justicia, etc. A menudo son estos *"pequeños"* pecados escondidos que impiden el avivamiento.

Al Nivel de la Iglesia

La iglesia vuelve a ser lo que debe ser según las enseñanzas del Señor y de los apóstoles. La iglesia rechaza las tradiciones y costumbres humanas que ha seguido hasta el momento, y empieza a aplicar las palabras del Señor en serio. La iglesia se atreve a ser radicalmente diferente de lo que el mundo (y hasta los mismos cristianos) esperan de ella, para obedecer únicamente al Señor.

(Vea "Los secretos de la iglesia temprana" por Andrew Strom; y los "95 tesis sobre el estado de las iglesias evangélicas")

Es cierto que a lo largo de la historia, la iglesia nunca ha vuelto a alcanzar la altura de la iglesia primitiva, pero en cada avivamiento se volvieron a descubrir algunas verdades bíblicas que la iglesia había perdido en los tiempos de la apostasía. Si comparamos la iglesia de hoy, con la Palabra de Dios; comprenderemos que nos quedan muchas verdades bíblicas por restaurar.

Palabras del Escritor:

El temor a Dios, te mantiene ocupado en hacer su voluntad.
El temor a Dios, te diferencia de los demás.
El temor a Dios, asegura tu aprobación divina ante su presencia.
El temor, a Dios eleva tu vida espiritual.
El temor a Dios, te hace ser intocable ante los ataques del enemigo.
El temor a Dios, permite el fluir de su gloria en tu vida.
El temor a Dios, desata grandes bendiciones.
El temor a Dios, te nombra como hijo de la promesa.

Maravillas y Señales

"17. Y estas señales seguirán a los que creen: En mi nombre echarán fuera demonios; hablarán nuevas lenguas; 20. Y ellos, saliendo, predicaron en todas partes, ayudándoles el Señor y confirmando la Palabra con las señales que la seguían Amén"
-San Marcos 16.

"Y muchas maravillas y señales eran hechas por los apóstoles".

-Hechos 2:43

Las promesas hechas por nuestro Señor Jesús a sus discípulos en (Marcos 16; 17-20), ahora es confirmada en el avivamiento que se estaba manifestando en el libro de los Hechos. ¿Qué era lo que estaba produciendo que se manifestaran las maravillas y las señales?

❧

Cuando leemos este pasaje y lo examinamos, notaremos algo sorprendente y es que aquellos hombres que anduvieron una vez con el "Maestro", que presenciaron los grandes milagros realizados por "El Todopoderoso manifestado en carne", ahora estaban siendo manifestados en su ministerio, pero lo que estaba aconteciendo en realidad no era causado por los apóstoles en sí, sino que era el cumplimiento de las promesas que Jesús les había hecho. "Pero recibiréis poder, cuando haya venido sobre vosotros el Espíritu Santo, y me seréis testigos en Jerusalén, en toda Judea, en Samaria, y hasta lo último de la tierra" (Hechos 1; 8). Es muy importante saber que Dios es quien efectúa el milagro a través de nosotros, Él es la fuente de poder: "Somos el vaso y el Señor es el agua, somos el empaque y Él es la sustancia".

Según el comentario del Sr. Stanley M. Horton declara lo siguiente: El griego indica que eran agentes secundarios. El que hacía la obra realmente era Dios. (Compare con 1 Corintios 3:6.) Más tarde, Dios haría milagros a través de muchos otros. Pero ahora, los apóstoles tenían la enseñanza de Jesús y el respaldo de que su fe había sido alentada por Él. Los milagros no eran para exhibición, sino más bien para confirmar la Palabra, la enseñanza. (Vea Marcos 16:20.) También ayudaron para que la fe de los nuevos miembros de la iglesia de Pentecostés se afirmara en la Palabra y en el poder de Dios. (Vea 1 Corintios 2:4, 5.)

En ese momento ellos estaban viviendo el cumplimiento de las promesas. Nos encontramos parados mirando a hombres pescadores, hombres sin letras y sin un nivel alto de educación; hombres apartados de la alta sociedad y de los cargos funcionarios. Estos hombres eran los que estaban siendo usados por el poder de Dios en aquellos días y es donde Dios nos enseña, que el usa a quien quiere. Dios elige a personas que caminen con Él, que escuchen sus palabras, pero que crean en las promesas que se manifiestan en sus vidas. En estos tiempos el Señor demanda a su pueblo que no sean espectadores, sino jugadores; que no sean personas de testimonios ajenos, sino de testimonios personales y reales.

$$\approx$$

Dios quiere que dejemos de predicar sobre anécdotas ficticias para entretener a las personas y que comencemos a predicar las Escrituras, aplicándolas a las situaciones reales en la que vivimos. *¿Por qué no pasa más de lo que vemos?* Sencillo, porque hemos sustituido el poder de Dios por otras actividades terrenales.

El enfoque de los apóstoles era predicar a Jesús; hoy en día el enfoque de las iglesias y su preocupación es el de acomodar a los pecadores. Buscamos la forma de acomodar a los no convertidos y también de identificar a la iglesia con el modelo establecido por el mundo, cuando debe de ser lo contrario.

$$\approx$$

Hablar de maravillas y señales para algunos se ve como algo imposible, algo que solo en la Biblia se encuentra registrado y que escalar a un nivel de esa magnitud es sumamente difícil. A veces solo pensamos, que los únicos que pudieron ver manifestado el poder de Dios, fueron los apóstoles, pero nos olvidamos que Jesús dijo: *"Y estas señales seguirán a los que creen..."* (San Marcos 16:17-18). Las promesas son para todos los que creen. Dios no es un dios de acepción de persona, ni tan poco de favoritismo.

Él no usa a una persona por el color de piel, o por su estatus social; por sus ingresos económicos, por la educación que haya recibido, o si es religioso o no. No olvidemos que Dios usa aquellos menospreciados, desechados por el mundo, catalogados como inservibles, pero que creen y que además confían en su Palabra. Para ver manifestarse las maravillas y las señales solo tenemos que tener fe y confiar en que Dios mismo efectuará el milagro; no somos nosotros, sino el Señor. Dios se fija en aquellas personas que viven una vida en integridad. No podemos anhelar el respaldo de Dios, cuando estamos consumados por el pecado, cuando nuestra mente está en el mundo y nuestro cuerpo se encuentra sin control.

Tenemos que mirar las cosas matemáticamente y saber que el resultado de la suma, depende de los números que nosotros apliquemos, si siempre sumamos los mismos números el resultado siempre será el mismo, pero cuando cambiamos los factores, automáticamente los resultados son distintos. Así mismo es en el camino del Señor hoy en día, pues vivimos un evangelio tan muerto y tan falta de energía que a veces dudamos de la existencia de Dios, porque siempre miramos las cosas iguales cuando oramos por alguien y no sana; o porque no tenemos un testimonio tan poderoso y tenemos que acudir a los cuentos, historias, anécdotas y testimonios de otros personajes de la historia secular. Si en la suma de nuestra vida no hay un cambio en los factores, tan poco lo habrá en los resultados. Si tan solo pusiéramos a Dios en todo y sobre todo, los resultados de las iglesias serían diferentes.

A veces me he puesto a pensar en algunas situaciones que se me presentarían en la vida, de como yo actuaría en aquellas que ameritan de una intervención divina; si me tocara orar por un muerto para que resucite, si se presentara orar por una persona con cáncer para que sane, o alguien ciego para que reciba la vista, o peor aún una persona sin brazos, para que tenga sus brazos. Pensando en esas cosas puedo decir; que es cuando nos debemos desconectar de las realidades de este mundo que siempre nos arrojan el mismo resultado negativo e incluir a Dios quien alterará la ecuación y provocará los grandes resultados positivos. Hoy en día tenemos que extender nuestros brazos espirituales, al mundo espiritual y trasladar a lo físico esas grandes bendiciones, que Dios nos da; para el servicio de esta humanidad y para Él mostrar su gloria y poder.

En cada circunstancia que se encuentra en la Biblia acerca de los milagros, maravilla y señales manifestados por Dios, nos fijamos que algo sobrenatural la persona tubo que ejecutar primero, es decir, tuvo que salir de la rutina o de lo normal para que se efectuara el milagro en su vida, y sabemos que para Dios no hay nada imposible, pero también sabemos que a través de lo normal no se consigue lo sobrenatural. No digo con esto que Dios dependa del hombre, pero si afirmo que hay situaciones en la que tenemos que pelear con el ángel de Jehová hasta que nos bendiga.

En la Palabra de Dios nos encontramos con un sin número de milagros y maravillas realizadas desde el A.T. hasta el N.T., la Biblia está repleta de acontecimientos; donde lo imposible para las personas, fue el motor que Dios utilizó para manifestarse. Dios utiliza las crisis para manifestar su gloria. Las situaciones difíciles son las que muestran las manos del Todopoderoso, sino pregúntele a Moisés de lo que sucedió, cuando él y el pueblo estaban frente al mar rojo.

Las Escrituras son las que dan testimonios de todos los acontecimientos, donde el Dios de los milagros se manifestó de manera sobrenatural. Al leer estos pasajes bíblicos notaremos que para Jesús no existió nada imposible y que no importando cual sea la circunstancia, Él lo realizaba. Hay que tener cuidado, no creas que los milagros los realizas tú, porque el poder es de Dios. Esto no es realizado por ningunos de nuestros atributos humanos, sino por la gracia de Dios y por la disposición y la entrega que demostremos de todo corazón al Señor. Este mundo tiene hambre y sed de Dios, están esperando a los embajadores del reino con las promesas que Dios ha dado a su pueblo. Las personas están cansadas de muchas palabras y de poca acción (I Corintios 2:4, 4:20). El mundo de hoy en día quieren experimentar lo que está plasmado en la Biblia y este asunto es tan importante, pues ya muchos han dejado de creer en Dios, porque no ven sus obras visibles a través de los supuestos "hombres de Dios"; los cuales vienen con palabras bonitas, pero con carencia de poder; persuaden a la carne, pero no convierten el corazón del ser humano a Cristo Jesús; manipulan la mente, pero no tratan con el alma de las personas necesitadas. Predicadores como estos es que abundan en las iglesias. Las congregaciones están llenando sus púlpitos de esta clase de terroristas cristianos, ya los pastores no velan por la comida que las ovejas están recibiendo, por ende el aceite de la lámpara del altar se está agotando. Para libertar a este Israel "mundo", de las manos del faraón "Satanás", tenemos que tomar la vara "la Palabra". Cuando a Moisés Dios le dijo que tomara la serpiente por la cola, el Señor le estaba diciendo que hiciera algo fuera de lo normal, la vara simboliza autoridad y la autoridad que Dios ha entregado a la iglesia, es su Palabra y hay que retomarla. Cuando se predique de Cristo Jesús, entonces Él tomará parte en el asunto.

Pienso en algo muy importante que pasa en la vida de los creyentes y es la seguridad y la confianza que sentimos en aquel que nos llamó de las tinieblas a su luz admirable (I Pedro 2:9). Pocos hoy en día conocen realmente al Señor ¿Por qué? Muchos hablan de Jesús, pero pocos lo conocen en realidad ¿quién es Jesús? Pues si miramos al Dios que nos llamó, debemos de saber que Él es "Todopoderoso". Nada lo limita y no hay cosa imposible para Él, pero esto lo comprendemos a través de la Biblia cuando permitimos que tenga sus efectos en nosotros. Ahora bien si Dios en tan solo seis días, creó todo lo que hay por medio de su Palabra, como no vamos a creer por medio de su Palabra lo que Él nos prometió: cosas grandes y ocultas. Pero no es creer así a la ligera, es estar tan seguro como que nos vamos a morir un día, pues digo algo siempre y es más seguro que nuestra muerte, son las promesas de nuestro gran Dios y salvador Jesucristo.

En una ocasión hablaba con dos jóvenes de la iglesia a la cual pertenezco, refiriéndoles de las cosas que el Señor Jesús nos dijo en su palabra; que cosas mayores que las que Él hizo, nosotros haríamos también ¿Dónde están las cosas mayores que las que Él hizo? ¿Será que Jesús nos mintió? ¿Quizás el tiempo ya pasó? Pienso en lo personal, que el tiempo no ha pasado, porque estamos en el tiempo, estamos en el momento de recoger los frutos sembrados por las generaciones pasadas; aquellos grandes líderes y hermanos que han trabajado incansablemente sembrando la Palabra de Dios. *Amado lector ¡Tú eres de esta generación!* A veces nos sentimos cómodos en la iglesia mirando de cómo nos predican, estamos en lugares hermosos y confortados como oidores, pero si volteamos la cabeza hacia afuera y miramos la realidad de nuestro mundo, nos daremos cuenta de la cruda realidad, que cuando en la iglesia se salva uno, en el mundo se pierden miles, ¿es esa la voluntad de Dios? *¡No!* pienso que no, porque por eso Él nos comisionó (San Mateo 28; 19) y derramó de su Espíritu Santo (Hechos 1:8) para darnos autoridad, de modo que como embajadores de Cristo (II Corintio 5:20) que somos de su reino, comencemos a visar a los llamados a la salvación eterna que Dios ha provisto para *"Toda Criatura"*.

Esa misma noche pude ver como los dos jóvenes tenían el mismo sentir que yo y al analizar la situación, nos dábamos cuenta de algunos factores que inhiben que la gloria de Dios se derrame extraordinariamente, no para un futuro por venir, sino para este presente por vivir. Las personas de este mundo están esperando a los enviados de Dios con el mensaje del evangelio.

Algunos de los factores que lo gramos examinar fueron:

1. Hoy en día los predicadores quieren mover a las personas con los conocimientos adquiridos para persuadir y agradar a la carne, pero no se preocupan en mover las almas que son las que se van a salvar con la unción y el poder de Dios.

2. Hablamos de algo "Milagros" la cual nunca hemos sido testigo porque muchos hasta dudamos de la grandeza de Dios y nos olvidamos que Él es "El Todopoderoso".

3. No sabemos discernir el tiempo, y por eso los mensajes y sermones son predicados para un cumplimiento futuro y sin un cumplimiento divino.

4. Tenemos que enfocarnos en que las personas entren al arca y luego que Dios se encargue de las demás cosas, pues a veces nos enfocamos en el trabajo de Dios y nos olvidamos de nuestro papel.

Esto es apto para todo el mundo que quiere vivir una vida diferente y que quiere experimentar la gloria de Dios a otro nivel de gloria. Tenemos que salir de las cuatros paredes y mirar que hay más allá de las murallas, que nos impiden ver que estamos en medio de lo que Dios nos prometió hace mucho tiempo, cuando elevemos el vuelo como las águilas, nos daremos cuenta que el campo está listo para ser trabajado.

Lo que pasaba en el libro de los Hechos era porque los apóstoles predicaban con convicción, poder, unción y autoridad de Dios, ellos habían sido participe de muchas cosas al lado del Maestro y estaban más que convencido en que las señales les seguirían, porque ellos habían creído en el nombre del Señor Jesús en el cual hacían todas las cosas. Solo así alguien puede ser un canal de bendición, un conducto por donde fluyan los milagros y las señales de parte de Dios y es cuando estamos convencidos, en quien hemos creído y por quien hemos sido enviados.

Hay cristianos que han orado por personas enfermas y han sanado pero, nada mas no es eso; el mover que Dios tiene va mucho más allá de uno o dos, es de miles, es de causar un gran impacto en los sectores, trastornar un barrio donde las personas están presas por las garras de Satanás. Hay un número muy alto de jóvenes hoy en día en la prostitución, drogas, atracos, violaciones, secuestros, etc., y es porque los embajadores del reino estamos concentrados en otras cosas que creemos que son más importantes. Nuestro enfoque son las almas y por las almas es que este mundo existe, por ellas es que se libra una gran guerra espiritual entre Dios y Satanás (aunque sabemos que Dios hace mucho tiempo que lo noqueo), pero por las almas es que todavía este mundo no se ha acabado *(II Pedro 3:9)*. Dios está esperando que los trabajadores comiencen a recoger los miles de frutos que hay en el campo (mundo).

Dios quiere derramar su gloria de manera sobrenatural, más allá de nuestras limitadas percepciones. Dios es un Dios grande, por eso es que Él está buscando personas pequeñas pero que piensen en grande y que suspiren por "avivamiento".

Concluyo este capítulo, diciéndote que Dios te quiere usar grandemente, no de palabra, sino con poder de lo alto y no te digo esto para venderte sueño *¡No!* te lo digo porque el Maestro quiere que tú lo sepas, Él te quiere usar poderosamente, pero eso cuesta un gran sacrificio (morir a esta carne y sus deseos) y conlleva estar verdaderamente convencido en lo que somos.

Tienes que conocer algunas pautas esenciales para un avivamiento genuino como:

La unción: Es la aprobación divina que se manifiesta en un avivamiento. Es el sello de parte de Dios sobre una persona que ministra su presencia.

La fe y la obediencia a la Palabra de Dios: No solo es creer en Dios, es también obedecer a su Palabra y cumplir con todo el contenido que hay en ella. Es fácil andar con la Biblia, pero difícil aplicarla; es fácil leerla, pero difícil vivirla y para tener un avivamiento verdadero hay que tener fe, pero también debemos de obedecer la Palabra. (Santiago 1; 22) "Pero sed hacedores de la palabra, y no tan solamente oidores, engañándoos a vosotros mismos".

El poder de Dios: Es la autoridad acompañada con el bautismo del Espíritu Santo (Hechos 1; 8). Los apóstoles pudieron presenciar muchos milagros, porque el poder de Dios emanaba a través de ellos. (Hechos 19; 11) "Y hacía Dios milagros extraordinarios por mano de Pablo". Era Dios y no Pablo, algo duro de tragar para muchos supuestos apóstoles y evangelistas de hoy.

Las señales me siguen: Son muchos los cristianos asistiendo a campañas, concentraciones y marchas, que andan detrás de las señales. Cuantos hermanos siguiendo a hombres por su intelecto y no a Dios. En un avivamiento verdadero, el poder de Dios se manifiesta y las señales se ponen de manifiesto. Hay que buscar de Dios y no de las señales; Dios es la fábrica de las señales y de los grandes milagros que se puedan manifestar en un avivamiento. No es bíblico seguir a un hombre, pero sí es bíblico seguir a Dios. Quiero que pongas en marcha a tu corazón, juntamente con tu mente y que digas con tu boca ¡Yo lo puedo lograr, porque Dios esta con migo!

Palabras del Escritor:

El Doctor de los doctores está a tu lado; no hay enfermedades en este mundo que no puedan ser sanadas por Jesús.

El mejor Padre lo tenemos a nuestro lado y Él conoce nuestras necesidades; Él suplirá lo que te hace falta.

Los milagros para nuestro Dios, no son cosas nuevas, un milagro de Dios para ti, es un regalo y una pequeña demostración, de todas las cosas que Dios puede hacer.

Todo está sujeto a Dios por su Palabra.

Principio 3

Unidos en un Mismo Espíritu

"Porque donde están dos o tres congregados en mi nombre, allí estoy yo en medio de ellos"
~Mateo 18; 20.

"Todos los que habían creído estaban juntos, y tenían en común todas las cosas".
-Hechos 2:44

Unas de las partes más difíciles, es la unidad de espíritu, porque cada persona tiene una mentalidad y un sentir distinto al de su prójimo por ejemplo: podemos mirar a veces que tan difícil es plantear un tema o determinar una decisión, cuando hay un grupo de personas; porque unos están de acuerdo, pero otros no. El apóstol dijo en: (II Corintios 13; 11) "Por lo demás, hermanos, tened gozo, perfeccionaos, consolaos, sed de un mismo sentir, y vivid en paz; y el Dios de paz y de amor estará con vosotros".

$\approx$

Según el comentario del Sr. Stanley M. Horton declara lo siguiente: Los creyentes permanecieron juntos y tenían todas las cosas en común (las compartían). Muchos vendían tierras suyas y propiedades personales; el dinero era distribuido a todos aquellos que tuvieran necesidades. "Según la necesidad de cada uno" es una declaración clave: no vendían las propiedades, mientras no hubiera una necesidad.

En muchos lugares están manipulando a los creyentes con citas bíblicas como estas, para hablar de manera incorrecta sobre los asuntos financieros ¡Cuidado! No podemos deprendernos de algo cuando no lo sentimos; el apóstol Pablo dijo: (II Corintios 9; 7) *"Cada uno dé como propuso en su corazón: no con tristeza, ni por necesidad, porque Dios ama al dador alegre".* Personalmente creo en los diezmos y en las ofrendas, pero lo que no creo, es que se obligue a alguien a cumplir con estos deberes bíblicos ¿Sabes porque?, porque obligados cumplirán para agradar al hombre; pero cuando es Dios quien trata con ellos, aunque el pastor malgaste el diezmo y tenga mala administración de las ofrenda de la iglesia, ellos nunca lo cuestionaran, porque dirán: *"Es a Dios a quien ofrezco mis diezmos y las ofrendas, y no al hombre y* cualquier cosa Dios mismo sabrá que hacer". Es difícil para muchos digerir esta parte.

$\mathcal{Q}$

Vamos a tratar tres puntos, los cuales son esenciales para tener la unidad de espíritu:
1. Morir a uno mismo, para que Cristo pueda nacer en nuestras vidas (Gálatas 2:20).
2. Ser llenos del Espíritu Santo y ser poseído por Él (Hechos 1:8).
3. Amar a nuestro prójimo, como a uno mismo (San Mateo 22:39).

1. Morir a uno mismo, para que cristo pueda nacer en nuestras vidas (Gálatas 2:20).

Cuando hablamos de morir a uno mismo, nos referimos a dejar de ser quienes éramos y permitir que nuestro Señor Jesús forme una nueva criatura en nuestras vidas, como dice las Escrituras en: *(I Corintios 5; 17) "De modo que si alguno está en Cristo, nueva criatura es; las cosas viejas pasaron; he aquí todas son hechas nuevas".* Tenemos que morir a nuestras metas y deseos personales, para que el Señor pueda inyectar sus deseos en nosotros. Al igual que como Jesús dijo: que no se hiciera su voluntad, sino la de Dios; así mismo nosotros debemos decir, que no se haga nuestra voluntad, sino la de Dios.

Tenemos que saber que para ver la manifestación del avivamiento verdadero en otras personas, hay que ser avivados a través de la voluntad de Dios y luego es que vamos a poder encender a otros. Es como la leña y el fogón; para que el fogón se vuelva una gran fogata, hay que encender la leña. El Señor quiere que todo el mundo sea impactado por completo con avivamiento.

$\mathcal{Q}$

Él también demanda de sus soldados, que mueran por el evangelio, que sacrifiquen todo por causa de la Palabra; como los mártires de los tiempos pasados. Dios quiere a hombres y mujeres como lo fueron los reformadores "apasionados con la verdad y por la verdad", personas que enfrenten a quienes tengan que enfrentar por causa del reino. Pero eso se logra, cuando dejamos que Dios nos guíe y que nuestro cuerpo sea dominado por la voluntad plena de nuestro "Gran Señor Jesucristo". El querer guiarnos a nosotros mismos en este mundo que estamos, pero que no conocemos; es uno de los primeros grandes problemas que enfrenta hoy en día la iglesia; personas que siguen siendo las mismas que eran antes de convertirse a Jesucristo, que no escuchan la voz de Dios; personas que no se dejan guiar por el Espíritu Santo y que andan conforme a sus deseos carnales.

Es tanto así que podemos ver como iglesias pasan por cisma, solo porque algún líder no está de acuerdo con otro en alguna cosa insignificante. Hasta por cómo se amarran los cordones hay divisiones. Vivimos dentro de un mundo cristiano, muy diferente al principio de los tiempos de los cristianos primitivos, hoy en día las personas primero se ocupan en sus cosas personales y luego si les queda de su valioso tiempo, se lo dedican a los negocios de su Padre, es tanto así que los cultos o servicios cristianos se organizan en beneficio de la comodidad de la membresía, ya no piensan en las personas que los visitan, sino como el evangelio puede ser más cómodo para buscar de Dios ¡Queremos acomodar el evangelio a nuestra manera, y no acomodarnos a la manera del evangelio de Dios!

El enfoque de este siglo es muy diferente al de la iglesia primitiva, pero como ya antes he mencionado, esto se debe a que las personas no quieren morir a sus deseos y metas por causa del reino de Dios.

2. Ser llenos del espíritu santo y ser poseído por él (Hechos 1:8).

La llenura del Espíritu Santo, indica una aprobación celestial o divina de parte de Dios. Ser llenos del Espíritu Santo, es dejar que Dios more dentro de nosotros perpetuamente, esto es lo que implica realmente ser poseído por Dios.

La palabra "poseído" quiere decir, que por vía nuestra voluntad, Dios domine a plenitud nuestro cuerpo; donde las acciones, pensamientos y deseos sean sujetados a su voluntad. Cuando un ser humano es lleno de la presencia de Dios, es decir del Espíritu Santo, no importa lo que había sido esa persona en tiempos pasados; su conducta cambia, su forma de actuar, sus pensamientos y todo lo que abarque la vida de ese individuo.

A pocos hoy en día nos agrada ese concepto, pues tener que someterse de una manera así, les implica renunciar a muchas cosas que para cada uno de nosotros son muy importantes, afanes que ocupan el primer lugar en nuestros corazones. (San Mateo 6: 3; 22: 37).

En la iglesia primitiva según podemos mirar en el libro de Hechos, notamos como esas personas actuaron después que fueron llenos del Espíritu Santo. *"Con Pasión y Entrega total a la obra"*, cada persona que era seguidor de Cristo en aquel tiempo según miramos en el libro de los Hechos, vivían un evangelio apasionado y entregado por el Reino de Dios, tanto así que muchos fueron perseguidos, presos, maltratados y hasta muerto por causa de esa *"Pasión y Entrega"* hacia el nombre de nuestro Señor Jesús. Podemos mirar que aparte de que eran llenos del Espíritu Santo, ellos eran guiados por causa de su Nombre (Hechos 4; 17-21).

Hoy en día se necesitan creyentes que tengan el mismo sentir que hubo en tiempo primitivos, personas que por causa del reino dejen las comodidades, renuncien a sus planes y sueños, poniendo a Dios en primer lugar. Si queremos experimentar el gran avivamiento que tanto deseamos, tenemos que actuar de la manera correcta, de una forma tal que nuestras visiones personales sean dirigidas por el Espíritu Santo, el cual nos guiará a todos por el mismo camino hacia la manifestación del gran avivamiento esperado *"El gran diluvio de la gloria de Dios"*.

3. Amar a nuestro prójimo, como a uno mismo (San Mateo 22:39).

Este es uno de los más grandes mandamientos que nos registra la Biblia, luego del primero que es amar a Dios... podemos decir que toda causa de problema y división que existe entre las personas hoy en día, es fruto de que no se cumple con este gran mandamiento establecido por Dios "amar a tu prójimo...".

En estos días me he puesto analizar sobre los diferentes tipos de iglesia que hay en la actualidad y al mirar tanta variedad de creencias fue algo tan impactante que me pregunté a mi mismo ¿Será que los 120 que estaban reunidos en el aposento alto, cuando fueron llenos del Espíritu Santo, salieron a predicar a las personas, cada uno de ellos con un concepto diferente de quien era Dios? Pues hay que mirar a cada denominación cristiana, pues todas afirman a ver salido del día del pentecostés, todas tienden a mirar su punto de partida desde ese día, cuando descendió el Espíritu Santo (Hechos 2:1-13).

$$\approx$$

Hoy en día estamos viviendo el tiempo profetizado por los apóstoles *"La apostasía"* (II Tesalonicenses 2:3), donde personas que habían recibido la revelación del evangelio de Cristo, están recibiendo otras revelaciones que causan divisiones dentro de las iglesias y congregaciones, es tan así que las personas actualmente están fijando la mirada en el hombre y no en Dios (Hebreos 12:2), pues muchos suben a los púlpitos buscando la manera de ser alabado por el público, cuando lo que se debe buscar exclusivamente, es que las personas se acerquen más a Dios. Esta es una de las grandes causas por cual hay ruptura dentro de las iglesias; porque el líder que llega a tener una elevada simpatía ante los miembros de la congregación, algunas veces sale de su congregación con esas personas a fundar una iglesia nueva, creyéndose que los creyentes son de él y no recordando que las ovejas son de Dios. El único dueño de las ovejas es Jesucristo y lo demás somos administradores, que un día daremos cuenta por nuestra labor.

Algunas de las causas de las rupturas eclesiásticas son:

1. Algunos hermanos se llegan a creer que son autosuficiente y que no dependen de nadie ni de sus líderes.

2. Líderes que cuando tienen alta popularidad comienza a crecer su ego, que trae por consecuencia casi siempre la rebeldía.

3. A veces Satanás se viste como ángel de luz trayendo una supuesta "Nueva Revelación" provocando división dentro de la misma iglesia que es el cuerpo de Cristo Jesús.

4. Algunos buscan sus bienes personales, es decir fama o dinero.

5. Otros son tan estudiados que menosprecian a sus líderes y deciden apartarse de la iglesia con algunos miembros que ellos tienen influencia.

6. Algunos menosprecian la doctrina aprendida y enseñada por los pastores, líderes y ancianos de la iglesia; buscan otras nuevas fuentes y terminan errados, equivocados y confundidos extraviándose del evangelio al cual fueron llamado.

Estas son algunas de las muchas causas por lo cual las iglesias se dividen y no viven un gran avivamiento interno en sus congregaciones y sectores.

Cuando hablamos de amar a nuestro prójimo, nos referimos, tanto al menor como también al mayor de nosotros, no importando de quien sea o de cómo sea. Siempre en las congregaciones se habla de amar a nuestro prójimo, pero pocos en realidad manejan este concepto, pensamos que amar a nuestro prójimo, es regalar un par de zapatos o dar comida a alguien que la necesite; creemos que es abrazar a alguien o estar en los momentos difíciles con una persona, pero en realidad esto es solo una parte de lo que es amar a nuestro prójimo, la misma Biblia nos dice; que si es necesario tenemos que morir por nuestro prójimo como murió Cristo por nosotros (I Juan 3:16), nuestro Señor Jesús murió en la cruz del calvario, sin Él ser el culpable, Él estuvo en el lugar nuestro y nos dice que hagamos lo mismo, con los demás, aun cuando sus ideales no son como nosotros queremos que sean.

El motivo de porque hay tantas religiones, todas con pensamientos diferentes sean pocos o muchos, es porque nos olvidamos que debemos de amarnos mutuamente y eso implica a veces el sacrificarnos, o darle la razón a otros y quizás también dejarse guiar por otros aun cuando sabemos que tenemos una mayor capacidad de hacer las cosas.

¡Nadie hoy en día quiere ser siervo de nadie, todos quieren ser servido, pero nadie quiere servir!

🪶

Tenemos que mirar en el camino que estamos parados y analizar la situación que estamos enfrentando una *"Guerra fría"*. Es una batalla que estamos atravesando donde el cuerpo del Señor *"La iglesia"* está dividida. ¿Qué pasa si dónde hay un fogón quemándose con mucha leña las cuales son las que hacen que la fuerte llama esté encendida, de esa leña un grupo de personas comienzan a tomar uno a uno los tizones del fogón y a calentarse individualmente? *¡Se apaga, verdad que sí!* Pues eso mismo sucede en nuestra actualidad dentro de la iglesia, un individualismo tremendo nos está arropando, donde buscamos tener la razón y donde pensamos primero en nosotros, antes de pensar en nuestros hermanos como nos manda Dios. *(Romanos 12:10)* *"Amaos los unos a los otros con amor fraternal; en cuanto a honra, prefiriéndoos los unos a los otros".*

Todos sabemos que las divisiones dentro de las iglesias no provienen de Dios, sino de Satanás "El Señor Jesús lo reprenda", pero no todos estamos dispuesto a pagar el precio de ser el "menor" a la hora de servir (San Mateo 23:11), es decir, todos queremos ser servidos y nadie quiere servir; todos queremos ser grandes y nadie quiere ser pequeño; todos nos consideramos cabeza y nadie es mano, pies, ojos, rodillas, etc.

Estas son las cosas que el Señor está demandando de sus hijos, los cuales son el componente esencial del carácter de la iglesia que Él viene a buscar. Él nos demanda en este capítulo tres la *"Unidad de espíritu"*, porque para ver manifestado el avivamiento de parte de Dios, primero tenemos que mirar donde estamos parados y luego analizar la realidad que estamos enfrentando hoy, y notar que poco a poco nuestro enemigo está logrando que nos separemos los unos de los otros. Grandiosa estrategia para derrotarnos uno a uno, porque el mismo Satanás sabe que *"La Unidad hace la Fuerza"*.

Para que Dios habite en medio de dos o tres (San Mateo 18:20) esos dos o tres deben estar en mutuo acuerdo (Eclesiastés 4; 9) "Unánimes, Juntos" como el día de pentecostés: todos estaban unánimes, todos tenían un mismo sentir, pensaban lo mismo, esperaban lo mismo y buscaban lo mismo *"Ser Llenos del Poder de Dios"*.

La Biblia nos declara en el libro de *(Eclesiastés 4; 12)* lo siguiente: *"[...] Y cordón de tres dobleces no se rompe pronto"*. A través de este versículo Dios nos hace reflexionar la importancia de la unidad, si quieres avivamiento tienes que saber que la unidad de espíritu es la clave para recibir el mover de Dios. Para causar algo extraordinario e impactar a las naciones con el mensaje del evangelio y no con ideales de hombres o revelaciones humanas, sino predicando sobre aquel que murió en la cruz, que tiene vida eterna para todos los que crean en Él, tenemos que dejar de trabar individualmente, renunciar a nuestras metas personales y trazarnos metas colectivas; volver a enfocarnos en lo demandado por Dios *"La Gran Comisión"*.

Se necesita que estemos unidos para que suceda lo que está por acontecer "El Gran Avivamiento". Vuelvo y aclaro tenemos que dejar a un lado nuestras metas personales y tomar en primer lugar las metas colectivas, no importando si nunca lleguemos hacer personas de renombre como hoy en día muchas personas procuran alcanzar *"La Gloria de los Hombre"*, sino que procuremos estar inscripto en el libro de la vida (San Lucas 10:20), quizás nunca lleguemos a desarrollar un liderazgo como otros, pero lo importante de esta gran carrera, es que podamos entrar al reino de los cielos y este debe ser nuestro único y más grande objetivo.

En esta carrera no importa quien salga primero, todos llegaremos al mismo tiempo, por ende debemos preocuparnos por las demás personas y cumplir con el segundo gran mandamiento (amor a nuestro prójimo). Si todos pensáramos de esa manera trabajaríamos solo para ganar almas y también en cómo llevarnos mejor con nuestros hermanos y de cómo esforzarnos para que la congregación mantenga la unidad de espíritu; Satanás está trabajando sutilmente y su objetivo es mantener el pueblo de Dios en total desacuerdo, porque él sabe de lo que es capaz el pueblo santo de Dios si se une, como nos registra el libro de los Hechos, esa unidad que los discípulos y nuevos creyentes mantenían, les produjo grandes y valiosas pérdidas al reino de las tinieblas, por eso él se opone a que se repita la misma historia del libro de los Hechos hoy en día. *"El avivamiento viene a través de la unidad, la desunión es un obstáculo para que el avivamiento se manifieste en nuestras vidas"*.

Para terminar con este capítulo, quiero dejar algunas reflexiones que te ayudaran a tener en cuenta a tú prójimo:
~ *Jesús viene a buscar una iglesia, no a muchas iglesias, es decir la iglesia no es el templo como decimos o las cuatros paredes donde nos congregamos, sino que es en general todo el cuerpo de creyentes en el mundo, que agrada a Dios.*

- La única iglesia verdadera es la que mantiene la sana doctrina y donde el centro de toda adoración es Dios y quien recibe la gloria y honra es Dios.

- Solo los que estén sellados con el Espíritu Santo, serán arrebatados, es decir, aquellos cuyas almas estén identificadas con el sello divino de Dios.

- Ministerio no salva a nadie, solo es una herramienta para poder liderar con las personas guiándolas hacia Cristo Jesús (San Mateo 7:22-23).

- Aunque muchos se han ido primero "Muertos", todos estaremos juntos en el mismo lugar.

- Jesús está con mi prójimo, es decir, si maltrato a mi prójimo, maltrato a Jesús.

- Debemos de ocuparnos en nuestro trabajo y ayudar a los demás en sus trabajos.

- Todos somos iguales ante Dios, por ende debemos de medirnos con Dios y no con mi hermano, nadie es más santo que nadie, ni más grande que nadie, porque todos somos creados a imagen de Dios, aunque no lo creamos.

- Cada persona es importante, sino fuera así entonces no hubiese nacido, recuerda Dios es quien da la vida.

- Todos cometemos errores y nadie será como nosotros queremos que sea, pues todos tenemos una personalidad diferente a las demás personas.

Palabras del Escritor:

La misma Biblia nos ayuda a entender que:
Solos, no podemos ganar la guerra.
Solos, no podemos cruzar el mar rojo.
Solos, no se derrotan los gigantes.
Solos, no se conquistan las naciones.
Solos, no se edifican los muros.
Solos, no se cargan las redes de peces.
Pero mucho menos, solos nunca tendremos avivamiento.

Principio 4

El Primer Amor

"Pero tengo contra ti, que has dejado tu primer amor"
~Apocalipsis 2:4.

"Y vendían sus propiedades y sus bienes, y lo repartían a todos según la necesidad de cada uno"
-Hechos 2:45

En este capítulo estudiaremos unos de los puntos más esenciales para tener un verdadero avivamiento. El *primer amor* es algo que hoy en día muchos han perdido y que por eso notamos que la iglesia del siglo XXI duerme ¿Cuántas cosas ha descuidado el pueblo de Dios hoy en día por estar durmiendo? ¿Cuántas almas se han perdido en este mundo por que los cristianos están ocupados en otras cosas?

Según el comentario del Sr. Stanley M. Horton declara lo siguiente: Esto no era comunismo, en el sentido moderno de la palabra, ni siquiera vida comunal. Simplemente era el compartir cristiano. Todos se daban cuenta de la importancia de fundamentarse en la enseñanza de los apóstoles (que nosotros tenemos hoy en la Palabra escrita). Algunos de los que eran de fuera de Jerusalén se quedaron sin dinero pronto, así que los que pudieron, simplemente vendieron lo necesario para que se pudieran quedar. Más tarde Pedro aclararía que nadie estaba obligado a vender nada ni a dar nada (Hechos 5:4). Pero la comunión, el gozo y el amor hacían fácil compartir cuanto tenían.

El Señor Jesús reprendió en el libro de Apocalipsis a la iglesia de Éfeso, porque se habían descuidado del primer amor. Apocalipsis 2 **Vv.2** Yo conozco tus obras, y tu arduo trabajo y paciencia; y que no puedes soportar a los malos, y has probado a los que se dicen ser apóstoles, y no lo son, y los has hallado mentirosos; **Vv.3** y has sufrido, y has tenido paciencia, y has trabajado arduamente por amor de mi nombre, y no has desmayado. **Vv.4** Pero tengo contra ti, que has dejado tu primer amor. **Vv.5** Recuerda, por tanto, de dónde has caído, y arrepiéntete, y haz las primeras obras; pues sino, vendré pronto a ti, y quitaré tu candelero de su lugar, sino te hubieres arrepentido".

El fracaso de los efesios, era la depravación de su principal virtud: "Has dejado tu primer amor". El llamado al arrepentimiento y a hacer las primeras obras sugiere que el fracaso de estos cristianos no era primordialmente la pérdida del amor a Dios, sino a los demás. Cuando el rechazo de las prácticas de aquellos que yerran se transforma en odio hacia las personas que yerran, los cristianos se apartan del amor redentor de Dios y pervierten la fe. Así tan grave es el pecado de la falta de amor en una iglesia cristiana.

Cuando una persona deja morir el primer amor, vuelve hacer lo mismo que hacía antes, cosas que eran pecados ante sus ojos, ahora son normales; también la espiritualidad se marchita y cuando esto sucede, florece la carnalidad, lo cual trae como resultado que el Espíritu Santo salga corriendo entristecido. La iglesia de Cristo ha dejado que el mundo apague el primer amor, se enfoca más en las obras de los hombres que en la obra del Espíritu Santo, en muchas congregaciones no se siente nada de Dios, solo pasan al púlpito personas vacías, hombre carnales, que por discernimiento del Espíritu se puede notar que ni oran y si lo hacen, lo hacen de vez en cuando.

La iglesia tiene que abrir los ojos y notar en los tiempos peligrosos que nos encontramos atravesando, hoy más que nunca las noticias negativas están en sus extremidades, pareciera como si hay una competencia, del que cometa el peor de los actos.

Nuestra sociedad necesita un cambio, nuestro mundo necesita ser empapado del gran diluvio de la gloria de Dios, pero para que suceda eso tienen que levantarse hombres y mujeres con el clamor agonizante, como lo hicieron los grandes reformadores; orando para que este mundo mejore, clamar para que el índice de la delincuencia, de los asesinatos, las violaciones, los divorcios, etc.

bajen y que se produzca un cambio tan notable en nuestra sociedad que el mundo tenga que reconocer que hubo una intervención divina.

El primer amor trae en su paquete, la búsqueda intensa de la presencia de Dios. Si un creyente no tiene el Espíritu Santo en su vida corre serio peligro, si la iglesia no tiene el Espíritu Santo está en serio problema. Satanás no está jugando y anda como león rugiente en busca de lo que él pueda devorar (I Pedro 5; 8). Si una persona no tiene el Espíritu Santo es una comida fácil para él, si la iglesia no tiene el Espíritu Santo puedo visualizar la abundancia del pecado, desde el púlpito a los bancos y viceversa *¡pobre altar de Dios!*

En el libro de los Hechos notamos el comportamiento sobresaliente de los discípulos y de los nuevos convertidos, algo provocado por la presencia del Espíritu Santo, la cual operaba en medio de ellos y dentro de ellos. En este pasaje bíblico, nosotros podemos observar y analizar que ese tipo de cristiano hoy en día está en peligro de extinción: *"Y vendían sus propiedades y sus bienes, y lo repartían a todos según la necesidad de cada uno" (Hechos 2:45).*

Miremos la relación de las parejas como una ilustración. Cuando miramos y comparamos el ambiente que hay entre dos personas que se aman, podemos notar que la forma de tratarse es muy diferente a cuando no hay amor entre esas dos personas. La comunicación entre los casados *(mayormente recién casados)* es muy sobresaliente, pues la forma en que las parejas se tratan al principio (aunque no debería ser al principio nada más) es algo que marca tanto en el matrimonio y sobresale tanto, que muchas esposas viven pensando en aquellos primeros días cuando se casaron, de cómo eran, de cómo se hablaban, de la forma que se amaban, adonde salían juntos, de cómo trataban los problemas difíciles, etc.

Ese es el ambiente que quiero que tú mente se traslade y reviva antes de empezar hablarte del amor de un nuevo creyente y del amor de la Iglesia hacia Jesucristo, ¿es aquel amor que sientes ahora igual al que sentías cuando entregaste tu vida al Señor Jesús?

Podemos observar el comportamiento de las personas al principio de su convención; la forma de buscar de Dios, el ánimo, la pasión y el fuego que sienten en su corazón para hacer las cosas. En el tiempo que tengo como creyente, he podido mirar jóvenes que han dejado de dormir en sus casas, para dormir en la iglesia, que han salido de su trabajo sin hacer escala directamente para el templo a orar, también he podido observar como el evangelio se vuelve su prioridad, no existe algo más importante que la búsqueda intensa de la presencia de Dios para su vida y no lo miran como una alternativa más o como un lugar de bureo. En un tiempo pude escuchar algunos jóvenes decir: "Pastor ¿Por qué no dan culto todos los días de la semana? Pastor, yo quiero ayudar en todo lo que haya que hacer en la iglesia".

Es tan notable ese comportamiento que hoy en día muchos solo viven frustrados con sus recuerdos *"El Primer Amor"*. Luego al pasar el tiempo también he podido mirar como las cosas se van volviendo una monotonía, ya ir al culto no es como antes con el mismo deseo, ahora es para cumplir con el líder y con un horario.

También he observado que al principio esos nuevos creyentes no tenían en mente la hora de salida del culto, ahora desde que pasa el tiempo establecido en el horario del servicio, ya están parándose de sus asientos o mirando el reloj, muchos hasta se van. ¿Dónde está el primer amor? ¿A dónde se habrá ido?

Para tratar el tema del primer amor, vamos a mirar las cosas que una persona hace cuando es nuevo creyente y cuando el primer amor está vivo:

1. Arrepentimiento genuino: El nuevo creyente siente un deseo profundo de cambiar, dejar las cosas pasadas y apartarse del pecado. Él llega a entender que su salvación está en peligro y busca de Dios con carácter de urgencia.

2. Siente la necesidad de orar: El corazón le impulsa a orar y clamar de una manera intensa y agonizante buscando la dirección de Dios y rogando por su estado pecaminoso.

3. Busca la manera de leer la Biblia y aprender sobre ella para aplicarla: La mente de un nuevo creyente, por ende está tan cargada de cosas mundanas, que son las que él desea dejar por completo, para perseverar en el camino del evangelio, esto a la vez le indica que necesita leer y escudriñar las Escrituras.

4. Testifica e invita a sus familiares y amigos a la iglesia: El fuego que nace en su corazón, lo impulsa a testificarle a otros lo que Dios ha causado en su vida y de lo bueno que el Señor ha sido (San Juan 4; 28-30 / Hechos 10; 26-27).

5. Escucha los consejos: Dicen un refrán: *"Escoba nueva barre bien"*, podemos mirar la aptitud de un nuevo creyente, comparado a la de uno que ya te tiene bastante tiempo. Un nuevo creyente escucha y presta atención porque tiene el interés de aprender y de mejorar, él entiende que hay muchas cosas que desconoce; ahora bien, un creyente que tiene tiempo en el evangelio se basa de su experiencia y su aptitud ante los consejos a veces no es la adecuada, pues piensa que se la sabe todas, aun cuando en su interior sabe que en realidad no conoce de nada y se vuelve un necio.

6. Se siente una persona que no merece lo que Dios le ha dado: El estado pecaminoso, la mente carnal, los recuerdos que arrastra su conciencia, provoca que se sienta inmerecido de la gracia y el perdón de Dios. El no comprende la intensidad del amor que Dios le otorga y tan poco puede discernir el valor de la gracia conferida a través de la muerte de Jesucristo.

7. Clama a Dios por las cosas que tiene que cambiar en su personalidad: Son tantas las noches que se la pasa llorando y clamando para que Dios moldee su vida y para que cambie esos malos hábitos que no le permiten consagrarse y dar un buen testimonio y sino tiene una buena orientación, hará desmedidamente algunos sacrificios como por ejemplo: los ayunos.

El apóstol Pablo es un gran ejemplo bíblico, que nos acentúa la actitud de un nuevo creyente: *"Él, temblando y temeroso, dijo: Señor, ¿qué quieres que yo haga? Y el Señor le dijo: Levántate y entra en la ciudad, y se te dirá lo que debes hacer... En seguida predicaba a Cristo en las sinagogas, diciendo que éste era el Hijo de Dios"* -**Hechos 9; 6, 20**

Cosas como estas son las que se reflejan en la vida de un nuevo creyente, usted dirá, pero, que tiene que ver esto con el avivamiento, fácil, si una persona no tiene las llamas encendidas del primer amor, no sentirá el deseo de un cambio espiritual, además que no podemos olvidar que el primer amor, es como una fuerza activa en nuestro interior, que nos impulsa a realizar la voluntad de Dios.

Cuando el primer amor se pierde, es lo mismo que pasa en los matrimonios de muchas familias que solo viven de los recuerdos pasados, cuando las cosas andaban bien al principio, cuando sabían tomar de su tiempo para hablar sobre cualquier tema, cuando disfrutaban todo lo que hacían juntos o cuando el uno trataba de agradar y sorprender al otro con algo. Es lo mismo que pasa en la vida del cristiano cuando se muere el primer amor, todo cambia, ya no es lo mismo. ¿Cómo eras al principio de tu conversión a Cristo? ¿Qué cosas hacías y has dejado de hacer?

Tenemos que auto examinarnos nosotros mismos y notar las cosas que se han perdido en nuestra vida como cristiano, quizás no quieras admitir que ya no eres el mismo de antes en el sentido del fuego espiritual, pero la realidad es esta, que muchos cristianos han caído en la monotonía, en hábito de aburrimiento y sequedad espiritual, ya la fuente de su corazón no brota de felicidad, amor, gozo, paz, etc.

El avivamiento tiene que surgir de tu interior, no del exterior; primero tienes que vivirlo, antes de querer que otros lo vivan; experimentarlo, antes de predicarlo; sentirlo y después querer que otros lo sientan. Para que se manifieste el avivamiento en tu vida solo tienes que conectarte con la fuente de poder (Espíritu Santo). *"Cuando hubieron orado, el lugar en que estaban congregados tembló; y todos fueron llenos del Espíritu Santo, y hablaban con denuedo la Palabra de Dios"* **-Hechos 4; 31.**

Cuando el primer amor se va, cuando el fuego del primer amor se apaga en los corazones de los creyentes, es causa de estos factores:
- *La vida espiritual ha menguado.*
- *La intimidad con Dios ha quebrado.*
- *El tiempo de búsqueda en oración y ayuno ha dejado de existir.*
- *La carnalidad se ha apoderado de nuestro interior, despojando al Espíritu Santo.*

Vv.1 Júzgame, oh Jehová, porque yo en mi integridad he andado;
He confiado asimismo en Jehová sin titubear.
Vv.2 Escudríñame, oh Jehová, y pruébame;
Examina mis íntimos pensamientos y mi corazón.
Vv.3 Porque tu misericordia está delante de mis ojos,
Y ando en tu verdad.
-Salmos 26

Cuando nos subimos a un vehículo, lo primero que hacemos, es encenderlo; luego arreglamos los retrovisores y lo acondicionamos; pero falta algo para poderlo arrancar y es que tenemos que poner el cambio, aun así todavía falta un poco más, es acelerar para poder adelantar. Eso mismo es lo que tiene que hacer la iglesia de este siglo, *"arrancar en la voluntad de Dios".*

La manifestación del avivamiento verdadero, no es por lógica, ni esfuerzos humanos, tan poco es por la sabiduría humana, o por la posición de una persona en la vida secular; no es por lo que somos, ni lo que seremos; ni por lo que tenemos o no tenemos, es por el poder de Dios y su gracia. Los primeros cristianos se vieron envueltos en la manifestación gloriosa del avivamiento, porque ellos no fueron los que lo provocaron, sino que Dios fue quien lo manifestó.

En el libro de los Hechos, nos encontramos con algunos aspectos que destacan de como ellos se mantenían "unánimes juntos" (Hechos 1; 14: 2; 1) ¿Por qué ese mismo día descendió el Espíritu Santo? Descendió porque sus corazones estaban unidos y estaban esperando algo poderoso de parte de Dios, ellos estaban listos para recibir el poder de lo alto. Hoy en día necesitamos hacer lo mismo, tenemos que unirnos en el espíritu para que Dios manifieste su avivamiento.

"De que vale orar y orar y orar cuando no hacemos la obra. La fe sin obra es muerta".

No es que digo que dejes de orar ¡No! no es eso, porque la oración es el motor de todo avivamiento, lo que digo es que de que vale pedir y pedir cuando ya Dios nos está dando lo pedido y solo falta que lo recibamos.

¿Quieres avivamiento? Clama a Dios por avivamiento en el nombre de Jesús y recibe a través de la fe, la cual te ayudará a caminar por encima de las aguas, cuando todos estén en la barca. Tienes que arriesgarte, tener valor y no mirar los vientos de incredulidad que azotan en estos tiempos, Dios quiere moverse por encima de lo sobrenatural, ¿Por qué? Porqué los apóstoles caminaron en lo sobrenatural y a nosotros nos queda edificar por encima de las cosas que ellos edificaron; por encima de los milagros que ellos presenciaron, nos toca a nosotros construir la próxima planta del edificio.

∿

En estos tiempos nos corresponde a nosotros experimentar otro nivel de gloria y dejar de vivir lo que otros vivieron, porque estamos dejando que pase el tiempo y Dios anda buscando a hombres y mujeres que marquen la historia de la iglesia con el mensaje del evangelio en este siglo presente.

"El que al viento observa, no sembrará; y el que mira a las nubes, no segará"
-Eclesiastés 11: 4.

Hoy Dios pone una gran descarga eléctrica sobre tu corazón para revivir tu primer amor, la pasión por las almas, el deseo de predicar las buenas nuevas de salvación, la pasión de trastornar los sectores con el verdadero mensaje del evangelio de Cristo, impactando los corazones de las personas, produciendo un arrepentimiento profundo.

"El momento de ver las naciones impactadas con el poder de Dios, ha llegado. Un tsunami del poder de Dios ahogará a las naciones, llenándolas con su gloria", "Se acerca un gran meteorito de la unción de Dios, que impactará las naciones y provocará un gran tsunami que inundarán nuestras vidas con el poder que viene de lo alto".

"Por lo cual dice: Despiértate, tú que duermes, Y levántate de los muertos, Y te alumbrará Cristo".

~Efesios 5:14

Si el primer amor se ha ido, es tiempo de buscarlo, si está muerto es tiempo de revivirlo, si se ha perdido es tiempo de encontrarlo, no sé lo que tengas que hacer, pero hazlo ya, pues un día Dios pedirá cuenta por las cosas que has hecho pero también por las que has dejado de hacer (San Mateo 25; 14). Es tiempo de trabajar y poner manos a la obra y de contagiar a otros con una visión positiva de trabajar para Cristo sin descansar. Es tiempo ya, de dejar la cama espiritual y despertarnos; es tiempo ya, de salir de la cueva en la que nos escondemos días tras días; es tiempo ya, de dejar de esconder los dones, talentos y ministerios que Dios depositó en cada uno de nosotros; es tiempo ya de dejar de tenerle miedo al gigante Goliat y enfrentarlo con la honda del poder de Dios; es tiempo de sacar a Satanás de nuestro territorio y restaurar el reino de Cristo Jesús *¡Es tiempo ya!*

Si te sientes frío espiritual, acércate al fogón de Dios, clama a Él y Él te responderá (Jeremías 33; 3), sea cual sea la situación en la que estés viviendo clama a Dios, que Él está para socorrerte; no importa en donde te encuentres, Dios no busca a hombres de guerra, el Señor busca jóvenes como David que enfrenten al gigante con el poder de su gloria, Dios no busca a personas que sepan hablar, Él busca personas como Moisés que caminen un poco más allá del desierto y que estén disponibles para dejarse usar *"Heme aquí, envíame a mí"*.

Dios busca lo vil, a los menospreciados, a las personas que se sienten sin fuerzas, porque cuando eres débil, entonces es que eres fuerte en el nombre de Jesús y cuando Él usa ese tipo de personas, ellos entienden que la gloria es de Dios y no de ellos, pues muchas personas con grandes capacidades, han dejado de ser usados por

Dios, porque Él ha mirado su corazón y ha encontrado orgullo, altivez, arrogancia y cosas de las cuales Dios aborrece. *"Porque Jehová es excelso, y atiende al humilde, Mas al altivo mira de lejos" -Salmos 138; 6.* Tal vez a lo largo de este capítulo, has estado pensando de cómo mejorar y quizás estas analizando de las cosas que tienes que empezar hacer, solo te pido *¡Arranca!* No te quedes montado en el vehículo, deja que Dios sea quien te lleve a otro nivel de su gloria; tu trabajo solo es arrancar y confiar en el Señor; Él sabe cómo debes empezar, solo tienes que dejarte guiar por su Espíritu. "El primer amor es el corazón del Avivamiento, la fe son los pies que permiten que el avivamiento pueda caminar; el Avivamiento se viste de santidad y es el alimento de las almas sedientas de la gloria de Dios", "En el Avivamiento descansan los atributos del Altísimo y se pondrán en manifiesto cuando Él agites las aguas del estanque que está en ti".

"Levántate, resplandece; porque ha venido tu luz, y la gloria de Jehová ha nacido sobre ti"
-Isaías 60:1.

Principio 5

El Fruto del Espíritu Santo en Acción

"Más el fruto del Espíritu es amor, gozo, paz, paciencia, benignidad, bondad, fe, mansedumbre, templanza; contra tales cosas no hay ley" —*Gálatas 5:22-23.*

"Y perseverando unánimes cada día en el templo, y partiendo el pan en las casas, comían juntos con alegría y sencillez de corazón"
-Hechos 2:46.

Cuando en una iglesia *"Cuerpo de creyentes y templo físico"* se reflejan el fruto del Espíritu Santo a través de los creyentes, se está manifestando el carácter del Señor Jesucristo, indicando que dicha iglesia *"Cuerpo de creyentes y templo físico"* está llena de la presencia de Dios. En el libro de los Hechos de los apóstoles, podemos mirar que el carácter de los nuevos creyentes reflejado, indicaba un arrepentimiento genuino, un nuevo nacimiento y la llenura del Espíritu Santo, esto a la vez producía en ellos un comportamiento sobre humano a semejanza de Jesucristo. Algo que producía que el avivamiento se manifestara en la vida de los primeros cristianos, era su forma de cómo ellos vivían, actuaban y compartían con los demás. Lo que ellos habían recibido de parte de Dios, no lo mantuvieron estancado, sino que lo reflejaron y lo compartieron con los que les rodeaba, contagiando a todos los que moraban y estaban cerca de ellos en aquel tiempo.

En el comentario del Sr. Stanley M. Horton declara lo siguiente: De manera que el cuadro es el de un amoroso cuerpo de creyentes que se reunían unánimes a diario en el Templo con un mismo pensar, un mismo propósito, y compartían la comunión de la mesa en sus casas ("de casa en casa", por familias). Cada casa se convirtió en un centro de comunión y adoración cristiana. El hogar de la madre de Marcos era uno de dichos centros. Sin duda alguna, el hogar de María y Marta en Betania era otro. Jerusalén no tenía capacidad para una multitud así, y seguramente muchos se quedaban en los poblados de los alrededores.

La comunión en la mesa era muy importante también. Comían con regocijo (deleite y gran gozo) y con sencillez de corazón. No había celo, ni críticas, ni contiendas; sólo gozo y corazones llenos de alabanza a Dios. Podemos estar seguros de que la alabanza encontraría su expresión también en salmos, himnos y cánticos espirituales que salían de sus corazones (Colosenses 3:16).

Hablar del Espíritu Santo en acción, es reflejar aquello que verdaderamente es la presencia de Dios en la vida de un creyente, no es hablar lo que somos, sino reflejarlo, no es decirlo con los labios, sino demostrarlos con los hechos, pues a veces decimos algo que realmente contradice lo que hacemos (San Mateo 15; 8), cosa diferente a lo que estaba pasando con esas personas que habían sido bautizados con la presencia del Espíritu Santo. Cuando Dios está en la vida de una persona, su carácter se refleja en esa vida, hoy en día podemos ver personas que dicen ser cristianos *"seguidores de Jesús e imitadores de Él",* pero en realidad sus hechos demuestran lo contrario: enojo, ira, maledicencia, amargura, vanidad, orgullo, y cosas como estas de las cuales son frutos de la carne, que no permiten que la gloria de Dios descienda en una congregación y que se manifieste en la vida de una persona, trayendo así estancamiento espiritual, lo cual no producirá el crecimiento adecuado y tan poco la manifestación de un verdadero avivamiento.

En muchas congregaciones han sacado a Jesús (Apocalipsis 3; 20) y han dejado entrar un sin número de cosas que no permiten que la gloria de Dios descienda de manera sorprendente, es tanto así que el fruto del Espíritu Santo no se refleja en la vida de cada uno de los creyentes pertenecientes a dichas congregaciones (San Juan 2; 14). Cuando falta el fruto del Espíritu Santo, es porque sobra el fruto de la carne y es por eso que Dios no derrama su gloria, pues Él no habita en templo sucio *"creyentes y congregación".* Dios habita donde hay santidad, a Dios le gusta morar donde hay hermanos que hacen su voluntad, que viven conforme a los deseos de Dios y que solamente piensan en como agradarle todo el tiempo.

Desde los primeros capítulos de este libro venimos tratando algunos factores que son los causantes de que la gloria de Dios no descienda en un lugar o sobre una vida, pero en este grandioso capítulo estamos analizando uno de los puntos más importante que a la vez creo y pienso personalmente que es la raíz de la sequía espiritual. La falta del Espíritu Santo en la congregación, es un gran peligro, pues donde el Espíritu de Dios está, ahí hay liberación, pero si el espíritu de Dios no está (II Corintio 3; 17), entonces es lo contrario, hay condenación y ataduras los cuales son elementos, que no dejan que los creyente avancen en la gloria de Dios, reflejando el carácter divino de Jesús (San Juan 8; 32).

Si el Espíritu de Dios no está guiando su iglesia, es un gran problema; si el Espíritu de Dios no está guiando sus vidas, es otro tremendo problema; si la congregación está siendo administrada por hombres y mujeres carnales, es un gravísimo problema y eso es lo que Dios quiere que nosotros observemos ¿Quién está guiando mi vida? ¿Quién está guiando la iglesia? ¿Quién está guiando el liderazgo de la iglesia? Pues si hombres y mujeres que no perciben las cosas espirituales son los que están guiando su grey (I Samuel 2; 12: 8; 1-3). ¿Qué usted cree que puede pasar?

✒

Hay factores que pueden surgir cuando los líderes y guías espirituales no están siendo guiados por el Espíritu Santo de Dios:
- *Maltrato de las ovejas.*
- *Mala alimentación de las ovejas.*
- *Mala dirección al guiar a las ovejas.*
- *Abuso físico y espiritual de las ovejas.*
- *Insuficiente protección a las ovejas.*
- *Falta de mantenimiento a las ovejas.*

Factores como estos ya mencionados son los efectos que se producen cuando no estamos siendo guiados por el Espíritu Santo de Dios, de modo que días tras días tenemos que examinar nuestras vidas y mirar en qué estamos fallando y de cómo podemos contristar o apagar el Espíritu Santo (Efesios 4; 30: I Tesalonicenses 5; 19) con el cual fuimos sellados para salvación. Hablar de reflejar el fruto del Espíritu Santo, es tanto como para líderes, como también para seguidores; es acto para toda familia y edades, raza y estatus social, es apto para todo el mundo.

En las iglesias, congregaciones y lugares de reunión donde se predica o se enseña la Palabra de Dios, tanto el mensajero, como el que recibe y escucha el mensaje deben reflejar y poner en práctica el fruto del Espíritu Santo, pues de esta manera es que puedes constituirte como seguidor de Cristo, como una persona que has muerto a los deseos de la carne, para vivir en la plena voluntad de Dios (Gálatas 2; 20).

En la iglesia primitiva uno de los caracteres fundamentales reflejados, era que estaban juntos *"Unidad"*, tenían en común todas las cosas *"Humildad"*, comían juntos en las casas *"Amor"* y muchos otros factores que reflejaba el fruto del Espíritu Santo en las vidas de aquellos creyentes que registra el libro de los Hechos y que al estudiar detenidamente ese estilo de vida podemos notar que ellos reflejaban ese carácter que Dios quiere que cada creyente refleje *"El Carácter de Cristo Jesús"* y que hoy en día la iglesia del siglo presente carece del mismo.

¿Qué es lo que está pasando con nosotros los hijos de Dios? Si estamos predicando al mismo Jesús que predicaron los apóstoles ¿Por qué no se derrama su poder como en los tiempos de antes? Sabías que el Espíritu Santo indica lo que hay en nuestros corazones y lo que pensamos también, Dios puede discernir nuestros pensamientos y nuestros sentimientos por mas ocultos que sean; delante sus ojos, nuestro verdadero *"Yo"* queda al descubierto. Dios sabe lo que realmente nosotros somos *"Apariencia de piedad"*, cuando por dentro estamos llenos de inmundicias (San Mateo 23; 27). Nosotros mismo no nos conocemos lo suficiente y no sabemos de lo que tenemos en el corazón y de lo que somos capaces de hacer, cuando somos usados de una manera sumamente grande y gloriosa por Dios, delante de los hombres.

♗

Son tantos los creyentes, que han sido hermanos muy humildes, hasta que se ven con la *"popularidad y fama"*. Dios los usa de manera extraordinaria, pero sucede algo cuando comienzan a ser mencionado en grandes actividades, alabados por las personas y a sentarse en los primeros asientos, sucede que Satanás entra con sus artimañas y su corazón comienza a enaltecerse y se llena de orgullo y terminan buscando la gloria de los hombres y no la de Dios. Por eso algunos generales del reino caen, grandes líderes bajan de la cima, porque no entienden que la cumbre de Dios se hizo para hombres y mujeres de carácter humildes; las altura de Dios se hizo para personas sencillas, que no les importa cuán alto puedan escalar siempre dirán la gloria sea de Dios. El Altísimo quiere derramar su gloria en *"vasos de barro"* como dice: (II Corintios 4; 7) *"Pero tenemos este tesoro en vasos de barro, para que la excelencia del poder sea de Dios, y no de nosotros".*

Cuando somos portadores de la gloria de Dios es necesario: estar llenos de su Espíritu Santo, ser guiados por su Espíritu Santo y sobre todo reflejar a través de nuestras acciones y palabras que estamos saturados del Espíritu Santo. Si tenemos el Espíritu Santo en nuestras vidas y ministerio, todas las cosas caminaran bajo la voluntad de Dios. El Señor demanda de cada creyente, dar frutos dignos de arrepentimiento (San Mateo 3; 7-8), si hemos sido plantados en el huerto de Dios, debemos de saber que no podemos dejar pasar el tiempo sin dar frutos, pues el sembrador un día vendrá a ver si tenemos frutos y si no lo tenemos seremos cortados y echado al horno para ser quemados y destruidos. Dios no quiere que seamos higueras estériles, solo follaje (San Marcos 11; 13), y

97

cuando alguien se asoma a buscar frutos no encuentra nada, sino solo hojas y sombra (San Lucas 13; 6).

🖎

Cada creyente que es nacido de nuevo se preocupa por dar frutos, es decir, por hacer las cosas que Dios espera que hagamos ¿Cuáles son? ¡No lo sé! Pero el que anda en el Espíritu, Dios le guiará a su plena voluntad y le enseñará las cosas que debe hacer, provocando así avivamiento en todo lo que le rodea. Debemos de recordar que si no tenemos el Espíritu Santo, es porque andamos en la carne y si estamos andando en la carne, nunca podremos hacer la voluntad de Dios, porque la carne no se sujeta a los mandatos de Dios *(Romanos 8:7) "Por cuanto los designios de la carne son enemistad contra Dios; porque no se sujetan a la ley de Dios, ni tampoco pueden...",* porque son asuntos espirituales demandados a través de la santidad. *(Gálatas 5:25) "Si vivimos por el Espíritu, andemos también por el Espíritu".*

Hay que tener muy en cuenta, que para que se manifieste en nuestro siglo las cosas maravillosas que sucedieron en el libro de los Hechos, tenemos que ser guiados por el Espíritu Santo de Dios en totalidad; además que debemos de vivir una vida completamente cristiana, reflejando el poder de Dios. "Así como el mar que refleja el color azul del cielo; así mismos nosotros tenemos que reflejar el carácter divino y santo de nuestro gran modelo Jesús".

"Sed imitadores de mí, así como yo de Cristo"
~1 Corintios 11:1.

"Sed, pues, imitadores de Dios como hijos amados"
~Efesios 5:1.

Las personas del mundo esperan ver una diferencia entre los que buscan de Dios y los que no buscan, nosotros somos el modelo a mostrar por Dios al mundo, para que ellos puedan visualizar de cómo es vivir una vida con y para Dios. A través de la gloria de Dios y la manera en la que Él nos usa, le mostramos a la sociedad de lo que Dios es capaz de hacer en sus vidas, no importando quien sea o quien haya sido esa persona en este mundo. Un sin número de individuos andan vagando en el mundo sintiéndose inferiores e inservibles para esta sociedad, muchos por depresión se quitan la vida, otros se aíslan. Es tiempo de comenzar a mostrarle a este mundo de lo que Dios es capaz de hacer.

"Por tanto, nosotros todos, mirando a cara descubierta como en un espejo la gloria del Señor, somos transformados de gloria en gloria en la misma imagen, como por el Espíritu del Señor"
~2 Corintios 3:18.

Alabanza a Dios y Favor con el Pueblo

"Te exaltaré, mi Dios, mi Rey, y bendeciré tu nombre eternamente y para siempre cada día te bendeciré, y alabaré tu nombre eternamente y para siempre. Grande es Jehová, y digno de suprema alabanza; y su grandeza es inescrutable"
~Salmos 145; 1-3.

"alabando a Dios, y teniendo favor con todo el pueblo..."
-Hechos 2:47.

Lo primero que podemos resaltar en este punto, es que *"Dios habita en medio de nuestras alabanzas"* (Salmos 22; 3), y lo podemos contemplar también al leer en (Salmos 95: 2; 116: 17; 145: 3). Hemos sido creados para sustituir aquel lugar donde estaban Satanás y los ángeles caídos. Satanás y sus seguidores se oponen a la alabanza del pueblo de Dios, por eso es que una de las grandes luchas que se libra, es la de la alabanza. Satanás odia al creyente que alaba a Dios y le tiene mucha envidia, porque estamos ocupando aquel lugar donde una vez él estuvo y que ahora nos pertenece a nosotros. Si donde hay alabanza está Dios, entonces donde no la hay, es lo viceversa, y si Dios no está, podemos decir que está Satanás, y donde Dios no está, tenemos que saber que no hay liberación. No puede haber *"Avivamiento"*, donde no hay una verdadera alabanza. Si queremos ver la gloria de Dios derramarse de manera extraordinaria, tenemos que invitarlo a entrar en nuestras vidas y congregación a través de nuestras alabanzas exaltando su nombre *Jesús*.

✑

Según el comentario del Sr. Stanley M. Horton declara lo siguiente: La consecuencia fue que encontraron favor con todo el pueblo (de Jerusalén). Así el Señor seguía añadiendo día tras día a aquellos que habían de ser salvos. Podemos estar seguros también de que la Iglesia los aceptaría llena de gozo.

Antes de continuar hablando sobre la alabanza, es necesario aclarar su diferencia con la adoración. La adoración a Dios ha sido descrita como "la honra y adoración que se le rinden en razón de lo que Él es en Sí mismo y de lo que Él es aquellos que se la dan". Se presupone que el adorador tiene una relación con Dios, y que hay un orden prescrito del servicio o de la adoración.

"Alabar es la forma de agradecer a Dios las cosas que Él hace y qué Él ha hecho por nosotros. También es reconocer lo que es Dios en todo ser y su poderío ante nosotros".

🎵

La adoración a Dios no se define en ningún pasaje de las Escrituras de forma concreta. Esta consideración muestra que no queda limitada a la alabanza solamente; ampliamente la adoración puede considerarse como el reconocimiento directo de Dios, de su naturaleza, atributos, caminos, y demandas, ya bien por el derramamiento del corazón en alabanza y acción de gracias, o bien mediante actos ejecutados en el curso de tal reconocimiento. Adorar es, en primer lugar, una experiencia interior que se refleja en el exterior. Es la respuesta del ser humano a la revelación de Dios por Jesucristo. Por eso, la adoración privada o personal es natural y normal. Hay en la especie humana una sed y hambre espiritual que nos empujan hacia Dios. El salmista expresó poéticamente este pensamiento, *"Como el ciervo brama por las corrientes de las aguas, así clama por ti, oh Dios el alma mía" (Salmo 42:1).*

🎵

Entonces cuando nos referimos a la alabanza, decimos que es un aspecto de la *Adoración* en que se le rinde honor a Dios, también es producto de la alegría santa. La alabanza se expresa a veces con canticos, música y danzas. *"Aineo"*, es la palabra que se traduce como *"alabanza"* y se usa en este versículo del libro de Hechos en referencia a la alabanza dedicada por el hombre a Dios, en forma de gratitud.

Finalmente podemos decir que la alabanza es la acción de glorificar a Dios, de ensalzarlo y bendecirlo especialmente con himnos y cánticos, música y danza. La alabanza es una de las manifestaciones a las que en la Biblia se invita con frecuencia a realizar, perteneciendo a este género de oración muchos de los

Salmos. En las Escrituras se encuentran con frecuencia la alabanza y la acción de gracias en un mismo movimiento del alma, y en el plan literario en los mismos textos.

Cuando miramos las actitudes de los nuevos creyentes, notamos la forma de alabar a Dios y más cuando el Señor le ha perdonado o los ha librado de la muerte o ha realizado algún acontecimiento milagrosamente. Cuando tenemos el primer amor, adorar no es nada difícil, lo difícil entra cuando ya creemos que tenemos la gloria o mejor dicho el reino ganado. Cuando ya nos sentimos autosuficientes como para ser digno de recibir el cielo, por lo que somos o hacemos para Dios, (grave error porque nadie es digno). En el papel principal de la alabanza Dios se revela digno de ella, por todos sus beneficios con el hombre. La alabanza resulta con toda naturalidad como agradecimiento y como bendición por los beneficios recibidos. Podemos decir que la alabanza se manifiesta exteriormente con el gozo, sobre todo en las reuniones del culto y donde los creyentes rinden una y otra vez gloria a Dios. Muchos confunden la "adoración" con la "alabanza", la adoración es un acto que conlleva más entrega y que envuelve una intimida profunda que está ligada a la vida del creyente, por otro lado la alabanza puede ser efectuada por cualquier individuo de forma esporádica.

La alabanza es parte de la adoración. Se puede adorar a Dios por medio de la alabanza. La adoración no tiene un esquema establecido de cómo debe de ser, sino que es algo que se realiza según la personalidad del individuo y sus sentimientos hacia Dios. Uno de los elementos que impide que adoremos a Dios, es cuando la rutina de ser cristiano entra en el corazón del creyente, apoderándose de su mente y trayendo vulnerabilidad a la esperanza de la venida del Señor. El Todopoderoso busca verdaderos adoradores (Juan 4; 24), personas que adoren sin que lo manden adorar, que las palabras de alabanzas salgan del corazón fluyendo como una fuente de agua viva desbordada por las maravillas que Dios hace cada día en sus vidas. Cuando alabamos, el amor que sentimos a Dios se refleja en todo: rostro, carácter y personas. En todas las cosas que hacemos podemos reflejar esa paz que Cristo nos brinda, no como el mundo la da, la cual es pasajera y ficticia (Juan 14; 27). Cuando esa paz se apodera de nuestra vida por completo, podemos sentir que hay algo que tenemos en nuestro interior que quiere estallar y que siente brotar.

La alabanza cristiana tiene su movimiento esencial en la redención por Cristo Jesús en la cruz del calvario. Dios exige la alabanza (Sal 50.14; Ap 19.5) y es digno de ella (2 S 22.4; Sal 48.1; 145.3) porque es único (2 Cr 6.14, 15; Sal 113), bueno (Sal 106.1; Jer 33.11), grande (1 Cr 16.25, 26; Sal 150.2), poderoso (1 Cr 29.11-13; Sal 21.13), misericordioso (2 Cr 20.21; Sal 57.9, 10; 107.1; 138.2) y justo (Dn 4.37; Sal 7.17). Merece alabanza por sus obras (1 Cr 16.8, 9; Sal 78.4; 106.2; Is 25.1; Lc 19.37) y por su Palabra (Sal 56.4, 10). La alabanza surge espontáneamente frente a los milagros de Dios (Lc 18.43; Hch 3.8), sus dones (Dn 2.23; Hch 11.17, 18) y su ayuda (Sal 30.11, 12; 109.30, 31; 118.21).

Cuando analizamos de manera minuciosa el carácter de los primeros cristianos (alabando a Dios...), la forma de alabar a Dios que destaca la Biblia, notaremos que la alabanza no fue de manera superficial, sino que fue parte de la adoración devota que se manifestaba desde sus almas.

La alabanza juega un papel muy importante en medio del avivamiento, cuando esta se manifiesta genuinamente ayuda a mantener un ambiente de gozo inefable; para los que no están experimentando el avivamiento en sus vidas es algo como locura, pero para aquellos que sí, es la forma de cómo manifestar su gratitud al "Altísimo". Como crees que se sentían aquellos judíos, que por la forma errada de vivir la religión, nunca habían experimentado algo semejante como el bautismo del "Espíritu Santo"; es inexplicable la forma de alabar a Dios, cuando una persona esta rebozada en su presencia, no se puede cuestionar como un creyente reacciona en el momento de glorificar el Nombre de Dios, parecería fanatismo pero ¿Cómo lo miraría Dios?

✑

El concepto *"Religión"*, a través de los años ha venido perdiendo su real significado *"Relación con Dios"*. Cuando nos relacionamos con Dios a través de la alabanza, la religión da pasado a la relación, trayendo como resultado la devoción. Cuando hablamos de la devoción, nos referimos a la prontitud con que se está dispuesto a dar culto a Dios y hacer su santa voluntad; algo que se manifestó en las vidas de los primeros creyentes y que hoy ha sido esquematizado la "alabanza".

✑

No era una simple, superficial, o mecánica alabanza que manifestaban los primeros creyentes, fue algo que revolucionó en aquel momento y que hoy todavía quedan ráfagas. No todos tenemos la capacidad de ser un adorador, porque ser un adorador es un acto que conlleva una entrega por completo. Dios busca cuidadosamente aquellas personas que se entregan sin reservas, personas que por agradarle dejen cualquier cosa, *"La verdadera alabanza es parte de la adoración, pero la falsa es producto de la emoción".*

"Pero la hora viene, y ahora es, cuando los verdaderos adoradores adorarán al Padre en espíritu y en verdad; porque ciertamente a los tales el Padre busca que le adoren" -Juan 4; 23.

"Pero tú eres santo, tú que habitas entre las alabanzas de Israel" - **Salmos 22:3.**

La iglesia primitiva cuando fue bañada de la gloria de Dios y enjabonada de su poder, pudo ser partícipe de ese gran "Avivamiento", una manifestación que nosotros deseamos tener en estos días. Podemos decir que para ellos no había hora o forma de alabar a Dios, como pasa ahora en estos tiempos, que si un servicio se pasa de la hora establecida, ya Dios no está y estamos poniendo al Señor como alguien que nos visita con un tiempo determinado, porque seguro que Dios tiene otras cosas que hacer o quizás tiene en ese momento que visitar a otras congregaciones y el tiempo se le está acabando *¿No es así?* Dios está en todo lugar y el tiempo no lo limita, porque Dios es eterno. *¡Adorémosle en su eternidad!*

De la mima manera que hemos limitados a Dios en nuestras vidas y congregaciones, así mismo hemos limitados su poder, de tal manera que ya estamos vacío y carentes de su gloria, unción y autoridad. A través de la alabanza agradamos a Dios y desatamos ese diluvio de bendiciones; a través de la alabanza derribamos los muros y gigantes que a veces nos limitan en recibir del poder Dios; a través de la alabanza fluyen los milagros y prodigios, prometidos por nuestro Señor Jesucristo; a través de la alabanza, demostramos a Dios que somos aquellos verdaderos adoradores que el Señor anda buscando para estar en su coro celestial (Apocalipsis 22:3).

La adoración es el sometimiento de todo nuestro ser a Dios.
Es tomar conciencia de su santidad,
Es el sustento de la mente con su verdad,
Es la purificación de la imaginación por su belleza,
Es la apertura del corazón a su amor,
Es la rendición de la voluntad a sus propósitos.

Y todo esto se traduce en alabanza, la más íntima emoción, el mejor remedio para el egoísmo que es el pecado original.

~William Temple~

Si queremos ser hallados dignos de entrar al reino de los cielos, tenemos que saber que tenemos que cumplir con ese requisito, de ser adorador y también tenemos que considerar que la santidad está abrazada con la verdadera adoración, es decir, el verdadero adorador ha sido lavado de sus pecados; es una nueva criatura; es un nuevo vestido, lavado y listo para ser usado; porque para ser verdaderos adoradores tenemos que tener el Espíritu Santo en nuestras vidas y tener el Espíritu Santo, eso indica que estamos al agrado de Dios, que hemos sido aceptados por Él y sellados para su reconocimiento en el gran día de su venida. Puede ser que una persona que no adore a Dios, no halle agrado ante la presencia de Rey de reyes y Señor de señores. La misma Biblia denota la importancia de la alabanza en medio del pueblo de Dios y de los beneficios que recibimos por alabar su Nombre (II Crónicas 20; 21).

En muchas ocasiones he podido presencial a personas que al pararse delante de la congregación, exijan alabanzas al *"Dios Todo Poderoso"*, pero digo esto, no puede ser así porque no podemos alabar a Dios, porque otra persona nos mande, sino, porque nos sentimos agradecidos de su grandeza y porque reconocemos quien es Él, de modo que la alabanza debe salir de nuestros labios a cada hora y en todo momento de nuestras vidas, no nada más cuando vamos a un servicio o culto ¡No!, sino mientras aliento de vida tengamos, tenemos que alabar a Dios (Salmos 150; 6).

Donde no hay alabanza Dios no está, tenemos que procurar que donde quiera que nosotros estemos, le alabemos y adoremos. El libro de Salmos es incuestionablemente el más querido de todos los libros del Antiguo Testamento, especialmente por aquellos que buscan materiales devocionales y de oración. Estos poemas son, aun hoy día, tan actuales y llenos de intensidad espiritual como lo fueron en la edad del Antiguo Testamento.

La palabra *"adoración"* viene del latín y expresa la acción con que los *magos* rindieron culto al recién nacido Jesús (San Mateo 2; 1). La palabra *"Adorar"*, por lo tanto, significa *"Reverenciar"* y *"Honrar"* (con sumo honor) a Dios con el culto religioso que merece. También significa *"Amar en extremo"*, *"Orar"* (hacer oración). En la adoración van implícitas las palabras *"Mérito, valía, consideración, importancia, dignidad, excelencia, precio"*. Así que, la adoración significa reconocer y declarar la excelencia de Dios. En ella, el creyente reconoce el supremo mérito de Dios, quien es el único digno de ser adorado. Dios es absolutamente digno; Él es merecedor del más grande reconocimiento.

El salmista, con verdadera comprensión declara: En muchas ocasiones he podido presencial a personas que al pararse delante de la congregación, exijan alabanzas al *"Dios Todo Poderoso"*, pero digo esto, no puede ser así porque no podemos alabar a Dios, porque otra persona nos mande, sino, porque nos sentimos agradecidos de su grandeza y porque reconocemos quien es Él, de modo que la alabanza debe salir de nuestros labios a cada hora y en todo momento de nuestras vidas, no nada más cuando vamos a un servicio o culto ¡No!, sino mientras aliento de vida tengamos, tenemos que alabar a Dios (Salmos 150; 6).

Porque Jehová es Dios grande, y Rey grande sobre todos los dioses. Porque en su mano están las profundidades de la tierra. Y las alturas de los montes son suyas. Suyo también el mar, pues él lo hizo; y sus manos formaron la tierra seca. Venid adoremos y postrémonos; Arrodillémonos delante de Jehová nuestro Hacedor" -**Salmo 95:3-6**.

Dobbins describe algunos valores que logran aquellos que participan en la adoración:

1. La adoración crea una atmósfera de redención

A pesar del pecado del ser humano, sobreabunda la santidad de Dios. El pecado es una realidad; no es una invención de la mente humana. La iglesia no salva, pero es a través de ella que la salvación por Cristo es conocida y recibida. La adoración revela lo feo del pecado y la necesidad de un Salvador. La experiencia de Isaías en el templo es un ejemplo del perdón de Dios durante la experiencia de adorar.

2. La adoración destaca el valor del individuo y su responsabilidad

En el mundo de hoy es fácil para el individuo perderse entre la muchedumbre. La gran congestión de las ciudades modernas puede hacer que la persona sienta que no vale en la sociedad y que todo lo que haga con su vida no tiene mayor trascendencia. No obstante la fructífera experiencia de adoración destaca el sentido del valor y de la dignidad personal. Como alma preciosa a los ojos del Señor, el que adora se siente que está con Él en los momentos de soledad de la vida.

3. La adoración da perspectiva a la vida

El nuestro es un mundo de incertidumbre y parece que no tiene propósito. La gente parece andar a tientas, buscando un sentido para sus vidas. La vida se sale de foco como una cámara fotográfica defectuosa. Aun los creyentes sienten confusión algunas veces. La adoración permite al cristiano encontrar su destino y poder confiar su camino al cuidado de las manos del Señor. Jesús responde a la ansiedad humana diciendo:

"Más buscad primeramente el reino de Dios y su justicia, y todas estas cosas os serán añadidas. Así que, no os afanéis por el día de mañana, porque el día de mañana traerá su afán. Basta a cada día su propio mal" -Mateo 6:33, 34.

4. La adoración da ocasión al compañerismo

Debido al instinto gregario por el cual tiende a juntarse con otros de su especie, el ser humano siente gran necesidad de compañía. Así, el culto de adoración le da la oportunidad de juntarse con otros, y cubre así esta necesidad. Pablo estimula a la iglesia en Filipos a unirse en Cristo diciendo: "Completad mi gozo, sintiendo lo mismo, teniendo el mismo amor, unánimes, sintiendo una misma cosa" (Filipenses 2:2).

5. La adoración educa

Los discípulos reconocieron su necesidad de instrucción cuando fueron a Jesús y le pidieron: *"Señor, enséñanos a orar"* (Lucas 11:1). Adorar es una expresión de aprendizaje y es necesario aprender adecuadamente para adorar. La adoración, por lo tanto, resulta en aprendizaje y el aprendizaje es necesario para adorar. También el salmista reconoce la necesidad de ser enseñado por Dios que es el mejor maestro:

"Una cosa he demandado a Jehová, ésta buscaré; que esté yo en la casa de Jehová todos los días de mi vida, para contemplar la hermosura de Jehová, y para inquirir en su templo. Enséñame, oh Jehová, tu camino, y guíame por senda de rectitud a causa de mis enemigos"
~Salmo 27:4, 11.

6. La adoración enriquece la personalidad y fortalece el carácter

El espíritu que Dios puso en el ser humano es lo que le distingue y le hace único. Cuando Jesús habla de *"Vida"*, la palabra que usa puede traducirse como *"Personalidad"*. *"[...] ¿Qué aprovechará al hombre, si ganare todo el mundo y perdiere su alma?" (Mateo 16:26)*. Personalidad es la integración de las cualidades físicas, mentales, sociales, morales y espirituales del ser humano. Adorar estimula el desarrollo de nuestra personalidad y fortalece nuestro carácter cristiano.

7. La adoración da energía para el servicio

La iglesia se reúne para alabar en la casa de Dios; después se esparce por el mundo para servir al Señor. Sin adoración habría poca inspiración para el servicio; sin servicio la adoración tendría poco mérito. También uno debe reconocer que la adoración es una forma de servicio y el servicio rendido con la actitud apropiada es una forma de adoración.

8. La adoración sostiene la esperanza de paz en el mundo

El nuestro es un mundo de incertidumbre política, de ideologías opuestas entre las superpotencias y el tercer mundo. El relativismo religioso, la decadencia moral, la explosión demográfica, los problemas económicos mundiales por la inflación, hambre, pobreza; la lucha por los derechos humanos y la lucha por la conquista de los recursos naturales, tienen a la humanidad al borde de un conflicto mundial. Podemos estar agradecidos de que la adoración tiene un efecto que calma los instintos y deseos del alma humana. Ciertamente, la mayor empresa que tenemos en el mundo es la de traer a todos a la verdadera adoración a Jesucristo, quien vino a traer paz con Dios, paz con nosotros mismos y paz con todos los demás.

Por último veremos la relación que guarda la alabanza a dios con el favor que brindamos al pueblo

Cuando alabamos a Dios y reconocemos quien es Él, comenzamos a conocer su voluntad y su voluntad es para nosotros que sirvamos a otros y que ayudemos a esta sociedad, la cual no encuentra el camino verdadero. Como luz que Dios nos ha constituido, los ayudamos a venir al camino de Jesucristo. Muchas personas en el mundo andan vagando y están ahogadas en problemas sumamente serios, otros están suicidándose por motivo a la presión que día tras día están recibiendo, por las olas negativas de este mundo; las personas están llevando un gran peso en sus hombros. Cuando el mundo ve manifestarse la verdadera alabanza entiende que a través de ella, esas cargas se caen y esas cadenas se rompen en el Nombre de Jesús.

Dios espera más de nosotros, nosotros somos los encargados de que la alabanza fluya en este mundo, causando grandes cambios positivos y no negativos como las música de hoy en día, que están transmitiendo un sin número de cosas negativas a la mente del ser humano, sembrando en ellos cosas de las cuales son las causantes de las noticias que vemos hoy en día. Cuando alabamos a Dios Satanás y sus seguidores se van, cuando alabamos a Dios estamos declarándonos en victoria, cuando alabamos a Dios el reino de las tinieblas retrocede y cuando alabamos a Dios cosas grandes pasan. Tan solo por alabar a Dios suceden cosas sobrenaturales.

En el sentido cristiano, *"Alabar"* no sólo significa magnificar o loar los gloriosos atributos de Dios, sino también considerarlos como los valores más altos y de mayor mérito. Alabar es un medio para expresar adoración cristiana. Adoremos a Dios por lo que Él es en toda su gloria. Le alabamos por todo lo que ha hecho y hará.

"Guía, Consolador, Confortador y Defensor, es aquel que es digno de la mayor y suprema alabanza y adoración". -Eduardo Nelson G.

"Vv. 24 Y ellos, habiéndolo oído, alzaron unánimes la voz a Dios, y dijeron: Soberano Señor, tú eres el Dios que hiciste el cielo y la tierra, el mar y todo lo que en ellos hay; Vv. 30 mientras extiendes tu mano para que se hagan sanidades y señales y prodigios mediante el nombre de tu santo Hijo Jesús. Vv. 31 Cuando hubieron orado, el lugar en que estaban congregados tembló; y todos fueron llenos del Espíritu Santo, y hablaban con denuedo la Palabra de Dios" -Hechos 4.

El Cumplimiento de las Promesas

"Fiel es el que os llama, el cual también lo hará"
-I Tesalonicenses 5; 24.

"[...] Y el Señor añadía cada día a la iglesia los que habían de ser salvos"
-Hechos 2:47.

Este séptimo capítulo de esta gran obra titulada *"Avivamiento"*, es donde estaremos tratando el primer punto que muchos quisieran ver reflejado en sus vidas, familias, ministerios y congregaciones, pero sin antes pagar el precio, que hay que pagar. Las mayorías de las personas queremos las cosas muy fáciles, sin costo alguno, todos anhelamos las cosas sin antes ser procesados; pocos entienden que lo bueno cuesta mucho y que lo que viene fácil, fácil se va.

En esta sección donde tratamos el cumplimiento de las promesas realizadas por Dios, enfatizándote nuevamente que todo en la vida cuesta y que la realidad del evangelio no es como muchos la pintan de color de rosa, sino que es de color rojo *"Sangre"*. A veces Dios nos hace grandes y hermosas promesas que no es para disfrutarlas nosotros en el momento actual, como en el caso de Abraham que Dios le prometió una heredad *"La Tierra Prometida"*, la cual no disfrutó Abraham, sino su descendencia; en ocasiones las promesas que Dios nos da, tardan años y a veces generaciones, promesas que son otras personas las que son beneficiadas y no nosotros (como es el caso de Abraham y la tierra prometida).

Según el comentario del Sr. Stanley M. Horton declara lo siguiente:
Debemos notar aquí que la última parte del versículo 47 no pretende hablar de la predestinación de las personas. La expresión griega es una simple declaración de que cada día eran salvos algunos, y de que los salvos eran añadidos a la Iglesia. Note también que no se presionaba fuertemente sobre los demás. Las personas veían el gozo y el poder y abrían el corazón a la Palabra, a la verdad sobre Jesús.

117

Todo creyente sabe que Dios cumple lo que promete, y que aunque somos infieles Él permanece fiel (II Timoteo 2; 13), no importa cuántas veces fallamos, el Señor cumple lo que promete, pues de esa forma se nos manifiesta su misericordia, que aunque no la merecemos, nuestro Padre celestial nos la da. La Biblia está llena de las promesas realizadas por Dios, cada palabra hablada por nuestro Señor, es una palabra en acción *"Verbo"* que trae resultados positivos o negativos a la vida de alguien, la Palabra de Dios puede ser de bendición, como de juicio, también puede ser de salvación o de perdición, ella viaja por encima de los tiempos y se cumple en miles de generaciones (Éxodo 34; 7), la Palabra es viva y la Biblia está repleta de reales ejemplos bíblicos que fueron partícipes de la Palabra de Dios; uno de esos grandes ejemplos: es el de la creación que nos relata el libro de Génesis, ahora bien, así como en principio todo fue hecho por la Palabra; así mismo hoy en día todas las cosas están sujetas por la misma Palabra, que en un principio dijo: *"Sea..."* y *"Fue hecho..."* -**II Pedro 3; 5**.

En esta última sección de los capítulos, quiero que puedas comprender que lo que Dios promete, lo cumple y que no importa las circunstancias que pasemos en la vida, o estemos pasando, o vayamos a pasar, para Dios no hay nada imposible. Dios habita en la eternidad y como *"Todopoderoso"* que Él es, tiene dominio del pasado, presente y futuro. Debemos de entender que tan poco es un político o un orador motivacional de momentos difíciles, no es alguien que está lleno de optimismo y de visiones inalcanzable, Él es *"Todopoderoso"*, que hasta sus pensamientos se vuelve una realidad y lo que de su boca sale se ejecuta con prontitud.

Todo está sujeto a Dios porque Él es el creador, todo lo que existe y lo que no existe, lo que se ve y lo que no se ve, lo que está en los cielos como en la tierra y aun debajo de la tierra, personas y animales, ricos y pobres, blancos y negros, libres y esclavos, todo absolutamente todo se sujeta a la Palabra de Dios. Cuando el Dios hecho carne habitó entre nosotros en forma humana *"Jesús"*, muchas personas pudieron ser partícipe de las cosas que pasaban en aquellos momentos, solo por la Palabra que Jesús decía, aun los mismos discípulos se maravillaban al ver que todo le obedecía y se sujetaba: los demonios, la naturaleza, los animales, los principales, los funcionarios y todo en lo que en aquel tiempo hubiese estado cerca de Jesús, se sujetaba al poder del Verbo manifestado en carne, porque todo está sujeto a Él, aun hasta la vida y la muerte están sujetados a la Palabra de Dios, podemos mirar que el mismo Satanás sabía el poder de la Palabra que radicaba en Jesús, cuando Él le dijo: *"Di a esta piedra que se conviertan en pan"* (San Mateo 4; 3-4), Satanás sabe de lo que somos capaz, cuando comprendemos el poder que radica en nosotros por medio de la Palabra de Dios.

Podemos mirar brevemente, lo que hizo Dios por medio de la palabra:
- *Por la Palabra Dios hizo al mundo.*
- *Por la Palabra también guarda al mundo de la destrucción.*
- *Por la Palabra nos llama y por la Palabra Él nos respalda.*
- *Por la Palabra Él refleja su autoridad y por la Palabra nos delega de su autoridad.*
- *Por la Palabra convirtió el agua en vino.*
- *Por la Palabra detuvo los vientos.*
- *Por la Palabra echó fuera demonios.*
- *Por la Palabra sanó de enfermedades a muchos.*
- *Por la Palabra perdonó pecados.*
- *Por la Palabra resucitó a Lázaro.*
- *Por la Palabra brindó el paraíso al ladrón de la cruz.*
- *Por la Palabra hizo, hace y hará muchas cosas maravillosas.*

Fueron tantas las cosas que por la Palabra sucedieron y siguen pasando, que si me pongo a enumerarlas este libro no se llamaría *"Avivamiento"* sino *"Por la Palabra".* La misma Palabra que operó a través de Cristo, es la misma Palabra que operó en la iglesia primitiva, produciendo el cumplimiento de las promesas realizadas por Jesús a sus discípulos. La Biblia nos dice en (Hebreos 13; 8) que Jesús es el mismo ayer, hoy y por los siglos, es decir, Él no cambia ni evoluciona, Él dijo algo en el pasado y será lo mismo en el presente y en el futuro, será tan igual que como en el pasado, porque Dios habita en la eternidad. Dios no dice algo hoy y mañana sale con otra cosa, porque Él es fiel; no te da ministerio hoy y mañana te lo quita; no sufre de amnesia; Él siempre se acuerda de lo que dice, y no obstante a eso su Palabra se cumple porque es verbo *"Acción".* La Palabra de Dios es acción y se cumple, pase lo que pase, suceda lo que suceda y se levante quien se levante (Salmos 33; 9).

Si queremos ver el cumplimiento de las promesas que Dios ha hecho a nuestras vidas tenemos que tener fe en su Palabra y saber que Dios no miente y que Él es responsable en todo lo que dice. En el capítulo 11 del libro de los Hebreos podemos presenciar a través de la lectura, cómo muchas personas recibieron grandes cosas por tener fe en Dios. Tener fe en Dios es *"Confiar y Creer",* porque es necesario que el que se acerque a Dios crea que le hay... Dios es fiel en todo, por ende nosotros solo tenemos que salir de nuestra tierra y parentela al lugar que Dios nos va a mostrar (Génesis 12; 1). *¿Dónde es?* No sé, pero sí sé, que Dios me dará cosas muy grandes *"Un Gran Avivamiento".* Para ver las redes llenas tengo que confiar en la Palabra de Jesús *"bogar mar adentro y tirar las redes"* solo así podremos ver y presencial cosas grandes y maravillosas, cuando aprendamos a confiar en las promesas de Dios (San Lucas 5; 4).

Antes de ver las promesas que Dios nos ha hecho en nuestras vidas, tenemos que sacar todo espíritu de incredulidad de nuestra mente y corazones. En donde hay duda, hay temor y donde entra el temor entra el pecado y el pecado trae la muerte o separación entre nosotros y Dios, como pasó con Adán y Eva. Creo que unos de los problemas más grandes que hoy en día está enfrentando la iglesia, es ese espíritu de incredulidad que tuvo el discípulo Tomás, pues a veces Dios se manifiesta en nuestras vidas y no creemos y acudimos a tentar a Dios y probarlo, lo cual se nos cuenta como pecado.

Dios quiere llenar este mundo con su poder, de una manera sobrenatural, su manifestación gloriosa en esta generación, es lo más esperado por todos los creyentes a nivel mundial, todos clamamos por *"Avivamiento"*, todos deseamos el mover de Dios de una manera sobrenatural como nunca antes visto, de manera que marque nuestro siglo y la historia que estamos construyendo.

"Derrama tu gloria".
"Dios mío, llama las cosas que no son, como si fuesen".
"Señor agita las aguas del estanque de mi vida".

Las Palabras de Dios, no se ven físicamente, pero si se realizan y se reflejan en lo físico; a través de la Palabra, lo espiritual se materializa, es como el gas pasando de su estado gaseoso al estado sólido, así mismo es la Palabra de Dios, tan solo el mencionar algo, todo se sujeta a sus órdenes, no hay nada en este mundo ni fuera de él que no se sujete a la Palabra.

Entonces *¿por qué no confiar en sus promesas?* El poder de Dios en su Palabra, provoca que sucedan cosas grandes y sobrenaturales e imposibles ante la vista del ojo humano. Lo que Dios le prometió a sus discípulos, ellos pudieron presenciarlo, paso por paso, porque los discípulos creyeron en Jesús, ya no era difícil para ellos confiar en sus promesas, pues lo más difícil había sido la resurrección de entre los muertos, cosa ya imposible ante la vista humana, sin embargo los discípulos pudieron ver la esperanza revivida con Cristo y entender que cada promesa que Él les había dicho tendría su cumplimiento porque: *"Fiel es el que os llama, el cual también lo hará"* -*I Tesalonicenses 5; 24.*

Así mismo pasa hoy en día con cada uno de nosotros, somos llamados por Dios hacer pescadores de almas perdidas en el mar de este mundo (San Mateo 4; 19), pero luego que por un momento difícil, nos sentimos solos y defraudados, volvemos a lo mismo de donde Dios nos llamó (San Juan 21; 3), no sé, si en algún momento te has sentido así, de esta manera, pero en esta hora te digo; si Dios te llamó, Él te va a respaldar. Dios quiere manifestar su avivamiento a través de hombres y mujeres que confíen en su Palabra y que entiendan que Él *hará.* Estamos faltas de Fe, debemos aumentar nuestra fe creyendo en el Señor y sus Palabras, las cuales son fieles y verdaderas. Para ver la gloria de Dios en estos tiempos solo se necesitan hombres y mujeres que boguen mar a dentro y que echen las redes en el nombre de Jesús. El mundo es el mar y los peces son las almas que se están perdiendo y que muchos otros animales se los están comiendo, las redes son los proyectos lanzados para ganar aquellas personas que se están perdiendo en el mundo y que andan buscando una solución a las cosas que su alma necesita (San Mateo 11; 28).

Hay mucho trabajo y mucho trabajadores (San Mateo 9; 37-38), pero también hay muchos *"haraganes que no quieren trabajar"*, y también podemos decir que lo que pasa es, que los trabajadores no confían en aquel que los contrata para trabajar, no confían en el buen sueldo espiritual que van a recibir y otros solo se sienten bien con las pequeñas cosas que hacen. De nosotros depende si el evangelio impacta a las naciones presente con el gran mensaje del reino, con el gran mensaje de buenas nuevas. Dios ha puesto un gran peso y compromiso en nuestras vidas y hoy en día es cuando sentimos más el amor por las almas que se están perdiendo, pero a la vez nos quedamos pensando de que sí podemos hacerlo o no, donde tenemos que recordar que Dios llama, capacita, envía y respalda (Isaías 35; 8). En todas las cosas que emprendamos Dios debe de ser el centro y nosotros solo tenemos que confiar en su Palabra y creer, nada más tenemos que creer y Él hará.

Trabajar para Dios es lo mejor que alguien pueda hacer, no porque Él lo necesita, sino por los beneficios espirituales que recibimos por ser empleados de Dios. En este mundo en el que vivimos, a diario vemos los abusos laborales, donde muchos empleados trabajan sin la paga de un buen sueldo, otros en el caso de los extranjeros hasta son engañados por sus contratadores, los cuales los ponen a trabajar y luego a la hora del pago duran hasta uno o dos meses para pagarles, pero que bueno que con Dios no es así, nuestro Señor paga y paga bueno, no le roba el dinero ganado a nadie, al contrario Él nos da más de lo que nosotros merecemos.

"El que está empleado por Dios está en buenas manos, está trabajando con el mejor jefe"

Tienes que saber que Dios cumple su Palabra y eso debe de producir en tú corazón el trabajar fervientemente en su obra *"Incansablemente"*, sabiendo que lo que haces para Dios es para su gloria y no es en vano. Existe un tipo de cristiano que trabaja para Dios durante un determinado tiempo, luego que no ve los resultados esperados, se desespera y hasta abandona, quiero decirte amado lector que en este mundo de grandes cambios políticos, económicos y fiscales, donde empresas muy estables han quebrado; hay una empresa que no quiebra y es la de Dios, no importa cuán pocas personas asisten a la iglesia, la obra de Dios no quiebra y nadie la paraliza. Nos desesperamos por ver los frutos rápidos y no nos damos cuenta que nosotros sembramos y el crecimiento lo da Dios, es lamentable ver líderes locales, ministros y pastores renunciando a la obra de Dios porque no ven los resultados esperados, hermanos *¡Dios no quiebra!*

Tenemos que saber que el avivamiento no será de la noche a la mañana y que hay procesos que debemos de pasar en la vida para ver grandes resultados, Jesús dijo que es necesario que el trigo muriese para que al morir puedan nacer más, así mismos nosotros tenemos que morir entregados en la obra de Dios, crucificando nuestra carne y sujetando todo pensamiento ante los pies de Jesucristo, para poder ver los graneros *"Iglesias"* llenos de grandes y abundantes frutos. Alguien tiene que labrar la tierra, otro tiene que abonarla, alguien más tiene que sembrarla, pero el crecimiento lo dará Dios a su tiempo, no al tiempo que nosotros desearíamos, Dios sabe cuándo y en qué momento están los frutos y por eso ahora te hace entender que quizás no has vistos los frutos que has querido ver en el tiempo deseado, pero sigue trabajando que la semilla está echando raíz, para luego soportar el gran árbol que nacerá, que dará miles y miles de buenos frutos.

"Los que sembraron con lágrimas, con regocijo segarán" **-Salmos 126, 5.**

Algunos puntos básicos y esenciales, que no se pueden quedar en este capítulo:

- La Oración. Es la manera en la que nos comunicamos con Dios y donde le presentamos todas nuestras peticiones, cuando oramos a Dios estamos estableciendo una relación estrecha a la cual llamamos tener intimidad con Dios. Te preguntarás ¿por qué la oración en este capítulo? buena pregunta, sabes que a veces no recibimos y no son contestadas nuestras oraciones, porque lo hacemos mal, otras ocasiones pasa en que dudamos en Dios, en que si Él lo puede hacer, sí o no, ahora bien nuestras oraciones deben de ser, con este tipo de carácter: persistencia, confianza, seguridad y entrega. También podemos decir que algunos oran pero no trabajan, es decir solo claman a Dios y más nada, viviendo una vida estancada, también debemos recordad que no estamos solos en este mundo y que los demonios se oponen a que recibamos nuestras bendiciones y a las cosas que demandamos a nuestro Padre celestial por medio de la oración.

- La Fe. Todos escuchamos sobre la fe, pero pocos sabemos en realidad que es tener fe, tener fe es creer que algo va acontecer, aunque no tenemos ni la más mínima sospecha de que puede pasar. La fe es la certeza de lo que se espera y la convicción de lo que no se ve, sin fe es imposible agradar a Dios porque es necesario que el que se acerca a Dios crea que existe y que es galardonador de los que le buscan. La fe tiene dos brazos de los cuales tenemos que agarrarnos "Creer y Confiar"; tenemos que creer con nuestros corazones aunque nuestra mentalidad esté oponiéndose por la realidad que nuestros ojos ven, y confiar en Dios aunque la barca se esté hundiendo por los diferentes vientos de situaciones difíciles. La fe tiene varios enemigos, y uno de ellos es la duda, cuando dudamos de las cosas que Dios puede hacer, podemos decir que es muy difícil que suceda, pues Dios se mueve a través de la fe, la fe es el camino por donde transitan los milagros, la fe es el canal que establecemos para recibir lo que pedimos a Dios en oración. Otros de los enemigos de la fe, es la palabra imposible, ¿sabías que no hay nada imposible para Dios? Lo que es imposible para nosotros, para Dios es posible, pues por eso debemos de tener fe y orar a Dios para que la fe aumente en nuestras vidas, orar a Dios para que nuestra fe pueda vencer a todo espíritu de confusión, duda, incapacidad y de falta de confianza.

- Pedir y Recibir. Todo aquel que pide recibe, ¿qué estamos haciendo para recibir de Dios, lo que pedimos?, ¿estamos pidiendo bien? Pedimos Avivamiento para nuestras iglesias y nuestra nación, pero que estamos haciendo para recibir ese avivamiento que tanto anhelamos; a veces pedimos algo a Dios que no estamos listos para recibir. ¿Te estas preparando para recibir el avivamiento? Primero debes de ser avivado antes de ver a otros con avivamiento. Oremos a Dios con fe, para recibir lo que pedimos y pidamos a Dios que nos prepare, como la tierra se prepara para ser sembrada, que nos aliste para recibir la promesa que tanto esperamos que llegue.

~ **Buscar y Hallar.** Cuando una persona desea algo lo primero que debe de hacer es buscar la manera de conseguir lo que quiere. Las personas que desean encontrar oro, van a los lugares con una serie de aparato para identificar el lugar donde hay metales en especial el oro, cuando ese radar se activa y suena, esas personas comienzan a cavar hasta encontrar lo que andan buscando, muchas veces le cuesta una gran suma de tiempo y dinero conseguir lo que buscan, pero no se detienen hasta encontrar lo que andan buscando. ¡Qué gran sorpresa, cuando encuentran el oro! Muchos hermanos en la fe ya dejaron de cavar y se han vuelto atrás pensando que el tiempo invertido no vale la pena, "mejor es intentar y fracasar que fracasar y nunca haber intentado", creo que en este tiempo que estamos viviendo es cuando más debemos de buscar lo que queremos hallar "Avivamiento". Dios quiere que seamos persistentes en lo que realmente queremos y cuando buscamos persistentemente encontramos lo que andamos buscando. Si has dejado de cavar toma de nuevo el pico y la pala y retoma tu trabajo hasta encontrar lo que andas buscando, no te rindas porque es sinónimo de perder, vence los obstáculos y triunfarás. El ministerio que tienes, no lo dejes aun lado continúa trabajando incansablemente, hasta encontrar lo que andas buscando y yo sé que en el nombre de Jesús, lo encontrarás.

~ **Tocar y Abrir.** Si quieres entrar a un lugar y está cerrada la puerta, tienes que tocar, pues para entrar en avivamiento tienes que seguir tocando las puertas hasta que te abran. Dios está en la casa continua tocando hasta que Él abra las puertas de la casa de su gloria y entres en un gran avivamiento que después no quieras salir. El Señor para todos los tiempos, levanta hombres y mujeres con la inquietud de tocar la puerta, así como la tienes tú; muchas personas no se atreven a tocar y por eso Dios no le abre las puertas de su gloria. ¿Para qué Dios te dará algo que no necesitas, si lo vas a dejar perder por la falta de interés?, pues si lo necesitas, toca la puerta y pídelo que Él te lo dará. Dios tiene más deseo de usarnos, que el que nosotros tenemos para que Él nos use. Toca la puerta, toca el timbre, sigue tocando que los vecinos me dijeron que Él está ahí.

- **Sembrar y Cosechar.** Si quieres cosechar tienes que sembrar primero y así es el orden de la vida. Para ser beneficiados de los frutos de la tierra tenemos que trabajar la tierra primero, así mismo en comparación con los asuntos espirituales. Dios nos manda a sembrar, Él mismo da el crecimiento y nosotros somos beneficiados de la gran cosecha de las almas salvadas, en la cual ha crecido la Palabra de Dios que en algún momento fue sembrada.

Hay que tener bien claro algo y es que Dios es quien da el crecimiento, nuestro trabajo es sembrar y luego que viene el crecimiento, nuestra labor es recoger esos frutos. Hay un lapso de tiempo entre sembrar y cosechar según podemos observar en el orden de la vida, podemos mirar que los árboles sembrados no dan sus frutos al siguiente día, sino que hay que esperar un tiempo específico para poder disfrutar de esos frutos, ahora bien en ese lapso de tiempo el cual mencionamos ¿Qué hacemos? Nos acostamos a esperar o nos vamos de vacaciones y regresamos cuando ya están listos los frutos, ¿verdad que no es así?

Realmente el trabajo más fácil es el sembrar, el afán en realidad empieza luego de sembrar, pues los agricultores deben de mantenerse tomando una serie de medidas para que los frutos se den buenos y para que las plagas no acaben con ellos. Son tantas las cosas que hay que tener en cuenta luego que se siembra, para que los frutos crezcan en perfecta condiciones, ahora bien podemos decir que la oración intercesora juega el papel principal en el proceso de crecimiento, pues aunque Dios es quien da el crecimiento, nuestras oraciones indican el cuidado y el peso que sentimos para que la cosecha no se eche a perder. Aunque hemos trabajado mucho en sembrar la Palabra de Dios "Semilla" en las vidas de las personas "Tierra", debemos de saber que nuestro trabajo no se detiene ahí, sino que apenas comienza, aunque nosotros no somos los que garantizamos el buen y perfecto crecimiento, jugamos un papel muy importante en el cuidado, pues Dios nos ha puesto como obreros en su mies para el cuidado de sus sembrados, de modo que nos mantengamos velando, limpiando y manteniendo sus tierras para que esos frutos en cuanto dependa de nosotros puedan tener un correcto y perfecto crecimiento.

- ¿Quién da el Crecimiento? Por más que trabajemos y abonemos la tierra, Dios es quien da el crecimiento. Por más talento, por mejor que seamos en algunas áreas del ministerio, Dios es quien derrama su gloria; el Santo se glorifica como Él quiere, con el que Él quiere y en el tiempo que lo desea, muchas personas yerran en eso, pues Dios puede darnos miles promesas, pero Él mismo sabe cuándo es el tiempo, a veces nos queremos adelantar al tiempo de Dios y no nos recordamos que Él habita en la eternidad, nuestro Padre sabe cuándo darnos lo que Él nos prometió, ahora bien no podemos sentarnos a esperar, tenemos que trabajar aunque no veamos los resultados en el tiempo que queremos, eso es fe.

- El Tiempo de Dios. Como decíamos anteriormente, Dios es eterno y Él habita en la eternidad, para Dios no existe el tiempo, el camina en el pasado, se pasea en el presente y vive en el futuro. El pasado de Dios es nuestro futuro, y el presente de Dios es nuestra eternidad. Dios no está sujeto al tiempo, mejor dicho el tiempo está sujeto a Dios.

No importa cuánto trabajemos y cuanto nos desesperemos por ver los resultados las cosas pasan en el tiempo que Dios tiene establecido para que sucedan. El libro de Eclesiastés en su capítulo tres nos muestra que todo tiene su tiempo en la vida. Todo en la vida tiene un proceso el cual se debe de cumplir y mirándolo de un punto de vista espiritual, cada cosa que debe pasar tiene su tiempo y su hora, Dios tiene establecido un tiempo definido para lo que Él quiere que pase. Muchos líderes se han desesperado porque no entienden este punto "el tiempo de Dios", no es nuestro tiempo, líderes, pastores, ministros y personas que han estados en posiciones dirigiendo la grey de Dios y tal vez han renunciado a sus labores por no esperar en el Señor, muchos hermanos han comido frutas verdes tumbadas del árbol y les han caído mal, por no esperar a que se maduren y caigan solas a su tiempo.

Dios no llega tarde, Él llega justo a tiempo, Jesús sabe en qué momento de nuestra historia entrar, sabe en qué capítulo de nuestra vida participar, Dios conoce todas las cosa, solo hay que confiar en Él y no desesperarnos, porque la desesperación es parte del fracaso, sino se lo podemos preguntar al rey Saúl, que fue desechado por apresurarse a ofrecer el sacrificio que a él no le correspondía ofrecer (I Samuel 13; 8-14) y lo peor del caso en estas situaciones es que Satanás te insta a desesperarte y cuando obedecemos a esa voz al momento de finalizar justamente llega lo que Dios nos había prometido.

Resultados de un avivamiento resumimos lo que es la esencia de un avivamiento:
- *Intercesión "desesperada" y ferviente.*
- *Un arrepentimiento profundo de los cristianos.*
- *La iglesia vuelve a ser lo que debería ser según la enseñanza apostólica.*

Según Oswald J. Smith en su libro titulado "Pasión por las almas", expresa algunos puntos de los avivamientos históricos, cuando

estas cosas sucedían, casi siempre produjeron los siguientes resultados:

Reuniones grandes y emocionantes donde descendía la presencia de Dios de manera muy gloriosa. Nada se puede comparar con el poder de Dios que se manifiesta cuando se reúne una multitud de cristianos que realmente tienen corazones puros, que han purificado sus vidas y que ahora pueden mirarse los ojos unos a otros sin engaño, sin desconfianza, realmente "con alegría y sencillez del corazón" (Hechos 2:46). "Bienaventurados los de corazón limpio, porque ellos verán a Dios" (Mateo 5:8). Cuando los primeros cristianos se reunían así, el temor de Dios vino sobre todos; y los incrédulos no se atrevían a juntarse con ellos (Hechos 5:13).

$$\mathcal{Q}$$

Grandes multitudes son salvos

Esta presencia de Dios es lo que convence al pecador de su pecado (Juan 16:8-9), y "lo oculto de su corazón se hace manifiesto; y así postrándose sobre el rostro, adorará a Dios, declarando que verdaderamente Dios está entre vosotros" (1 Cor.14:25). *¡Esto se consideraba normal en la primera iglesia! ¡Cuánto nos hemos alejado del Señor para ya no ver estas cosas suceder en nuestras iglesias hoy!*

Cuando predicaban los *"gigantes del avivamiento"* como John Wesley o Charles Finney, a veces la gente cayó postrada por la convicción de sus pecados, y no pudieron levantarse hasta que habían confesado todo y se habían arrepentido de corazón. Lo mismo sucedió durante el avivamiento en Timor (Indonesia) alrededor de 1970, con personas incrédulas que por casualidad entraban en el culto de una iglesia renovada por el avivamiento. (Esto es algo completamente distinto del supuesto *"derramamiento del Espíritu Santo",* que se produce en algunas reuniones actuales sin que hubiera alguna convicción del pecado; sin la convicción del pecado no hay verdadero avivamiento).

La sociedad entera cambia

Los avivamientos grandes siempre impactaron la sociedad entera. La Reforma de Lutero y Calvino fue la principal fuerza que ayudó a Europa salir del subdesarrollo y de la pobreza. El avivamiento metodista con John Wesley produjo en Inglaterra un movimiento por más justicia social durante la industrialización, y por la abolición de la esclavitud. Durante el avivamiento en Gales (1904 - 1905), los jueces y policías en muchas ciudades y pueblos ya no tenían trabajo, porque ya no hubo delincuencias ni pleitos.

El problema es, que muchos cristianos quieren ver estos resultados y creen que esto es avivamiento; pero no están dispuestos a pagar el precio que cuesta. Entonces intentan hacerlo ellos mismos, a manera humana. Por eso tenemos hoy tantas imitaciones de "avivamiento", que casi nadie sabe todavía qué es un avivamiento en verdad.

Estos hermanos desean tener reuniones grandes y emocionantes; entonces dicen: "Necesitamos un buen grupo musical, y animemos a la gente a que estén alegres, y tendremos avivamiento." Esto es querer comer el fruto sin plantar el árbol. Desean ver grandes multitudes convertidas; entonces dicen: "Haremos una cruzada evangelística e invitaremos a un predicador famoso; traeremos a todos nuestros amigos, y el predicador ya les convencerá que se conviertan; y tendremos avivamiento." Esto es manipulación y produce falsos convertidos. Es nuevamente querer comer el fruto sin plantar el árbol.

Esperan ver una sociedad cambiada; entonces dicen: "Realizaremos programas de asistencia social, y haremos campañas por la justicia, y pondremos candidatos evangélicos para la alcaldía y para el congreso; y tendremos avivamiento." Esto también, es querer comer el fruto sin plantar el árbol.

Todo esto produce imitaciones falsas, que al final darán malos frutos: Multitudes de falsos hermanos en las iglesias, que se convirtieron por una emoción y que siguen siendo los mismos viejos pecadores. Jóvenes que más adelante dejan las iglesias, porque ven que los hermanos no son auténticos y que no viven la vida que predican; entonces prefieren al mundo con su pecado, porque la gente del mundo por lo menos son pecadores auténticos. Un mal testimonio de la iglesia ante el mundo, escándalos de inmoralidad y corrupción entre líderes cristianos, y "El nombre de Dios es blasfemado entre los gentiles por causa de vosotros" (Rom.2:24).

Si queremos un verdadero avivamiento, tenemos que caminar por el camino que Dios diseñó, y pagar el precio que cuesta. Solo así veremos también el verdadero fruto de un avivamiento divino manifestado en nuestra tierra, "Todo lo que Jehová quiere, lo hace, en los cielos y en la tierra, en los mares y en todos los abismos" (Salmos 135; 6).

¿Por qué no creer en Dios y sus promesas?
Por fe veremos a nuestro Dios,
En el plan que creó en la eternidad,
En la vida de los fieles que llamó
A vivir por fe y no por ver.

Por fe el justo vivirá,
Por la fe caminamos junto a Él,
Como viendo al Invisible, Protector,
Vivir por fe y no por ver.

Sus promesas como roca son,
Sus promesas cumple nuestro Dios;
Nos movemos sólo por la fe en Él
Vivir por fe y no por ver.

Por fe profetas hablaron fiel,
Con poder proclamaron la verdad
Del Mesías prometido en Edén,
El que la muerte venció en la cruz.

Por fe la Iglesia se moverá,
Con poder del Espíritu de Dios
Y las huestes del Infierno no podrán
Dañar las obras de nuestro Dios.

Sus promesas fieles, firmes son,
Sus promesas cumple nuestro Dios;
Nos movemos sólo por la fe en Él
Vivir por fe y no por ver.

Por fe los montes se moverán,
Si la fe permanece en Jesús;
El poder del Evangelio librará
A todo aquel que confía en Él.

Sus promesas como roca son,
Sus promesas cumple nuestro Dios;
Nos movemos sólo por la fe en Él
Vivir por fe y no por ver.

Oh! Sus promesas como roca son,
Sus promesas cumple nuestro Dios;
Nos movemos sólo por la fe en Él
///Vivir por fe y no por ver///
Anónimo

La Oposición en Medio del Avivamiento

Satanás no quiere que se predique en medio del avivamiento (Hechos 4; 29). Él se opondrá específicamente a la predicación Cristo-céntrica (Hechos 4; 17-18). Desde el inicio del avivamiento apostólico en el libro de los Hechos hasta su final, el énfasis de los apóstoles fue predicar a Jesucristo y nada más que a Jesús (Hechos 2; 42 / 5; 42). Predicar de Jesús es un reto (Hechos 5; 28) pero es mejor escuchar la voz del Maestro (Hechos 5; 29).

❦

Un verdadero discípulo se goza en medio de las pruebas causadas por la predicación de las Escrituras (Hechos 5; 41) y en medio de esas pruebas comprende que es cuando más ferviente se debe predicar (Hechos 5; 42). Cuando las congregaciones aumentan en número, no se debe perder el enfoque de la Palabra (Hechos 6; 2,4), eso traerá grandes resultados provechosos (Hechos 6; 7).

Las emociones tienen que ser controladas y si se salen de control deben de ser confrontadas en el avivamiento. Puede ser que Ananías y Safira intenten volver común el mover de Dios. Hay que tener carácter para enfrentar a los creyentes como estos (Hechos 5; 5,11).

Cuando el avivamiento llega a la cúspide, Dios mismo agita las aguas del estanque (Hechos 8; 1,3). Pero aun así, esa agitación no es impedimento de que se predique por doquier el mensaje del reino (Hechos 8; 4). Las oposiciones y persecuciones son pruebas que acompañan al avivamiento verdadero. Estas no siempre vienen de parte de los adversarios (Satanás y los demonios), sino que su origen real es divino (Dios). *"Y también todos los que quieren vivir piadosamente en Cristo Jesús padecerán persecución"* –II Timoteo 3:12.

Un verdadero obrero predica solo de Cristo (Hechos 8; 5) esto ayudará a marcar una gran diferencia en frente a las falsas doctrinas entiéndanse "Sectas".

Es de suma importancia que en medio del avivamiento se predique la Palabra porque; "*V. 16 Toda la Escritura es inspirada por Dios, y útil para enseñar, para redargüir, para corregir, para instruir en justicia, V. 17 a fin de que el hombre de Dios sea perfecto, enteramente preparado para toda buena obra*" –**II Timoteo 3**. El apóstol Pablo resaltó esta importancia cuando dijo: *Lo que has oído de mí ante muchos testigos, esto encarga a hombres fieles que sean idóneos para enseñar también a otros* –**II Timoteo 2:2**. Y continúa diciendo: "*V. 15 Procura con diligencia presentarte a Dios aprobado, como obrero que no tiene de qué avergonzarse, que usa bien la Palabra de verdad*".

Fin "Avivamiento"

Lo imposible está por acontecer... el despertar que agitará las aguas de la iglesia se aproxima.

De esta manera finalizamos el recorrido en este grandioso libro titulado *"Avivamiento"*, declarando al lector en el nombre de Jesús: vida espiritual activa, el primer amor renacido, nuevos planes y proyectos en Cristo; nuevas visiones de cómo alcanzar a las personas y salvar las almas a través de la Palabra, fuego espiritual y celo por la casa y obra del Señor, valentía para enfrentar y derribar los gigantes que operan en contra de lo establecido por Dios; destruir fortalezas y murallas establecidas por el reino de las tinieblas y aplastarlas en el nombre de Jesús nuestro "Rey de reyes y Señor de señores".

Dios anda buscando personas que tomen el arado, que se vuelvan pescadores de almas, hombres y mujeres que salgan de las tumbas espirituales, esclavos que obedezcan al llamado, convirtiéndose en comisionados para ser los embajadores del reino celestial.

Antes de cerrar este libro y quizás no volverlo abrir, te exhorto a trabajar para Dios como nunca antes lo has hecho, no importando las cosas que puedas ver que son obstáculos, difíciles o imposibles, recuerda que les servimos al Dios de lo imposible y al que nada lo detiene, solo empieza y déjale a Dios las demás cosas. No trates de prepararte para empezar, porque si has leído este libro es porque Dios ya te ha preparado y solo está esperando por ti, a que enciendas el vehículo y pongas el cambio y aceleres sin parar, en dirección al gran Avivamiento que te espera.

El Avivamiento no vendrá por haber estudiado mucho, o por saber algunos idiomas teológicos, o por métodos humanos empleados en busca de gloriar a la carne y no a Cristo Jesús, el avivamiento vendrá cuando Dios mire lo mismo que miró en el aposento alto aquel día de pentecostés, cuando estaban todos unánimes juntos, esperando la promesa. El verdadero avivamiento ocurrirá cuando:

*"V*v. *14 Si se humillare mi pueblo, sobre el cual mi nombre es invocado, y oraren, y buscaren mi rostro, y se convirtieren de sus malos caminos; entonces yo oiré desde los cielos, y perdonaré sus pecados, y sanaré su tierra. V*v. *15 Ahora estarán abiertos mis ojos, y atentos mis oídos, a la oración en este lugar. V*v. *16 Porque ahora he elegido y santificado esta casa, para que esté en ella mi nombre para siempre; y mis ojos y mi corazón estarán ahí para siempre" –II* **Crónicas 7.**

Apodérate de lo que te pertenece, despoja todo principado, que dice que no puedes y saca de tu entorno al reino de las tinieblas, en el nombre de Jesús. Revístete de las armaduras de Cristo y prepárate para la gran victoria que estas apunto de obtener. ¡Créelo y Vívelo! "A Dios nada lo detiene óy a ti qué te detiene? Levántate y anda en el nombre de Jesús".

Un avivamiento es una obra sobrenatural de Dios, mediante la cual atrae sobre su pueblo la convicción de pecado, y la necesidad de perdón, revitalizando, renovando, y motivando a su pueblo a una vida de mayor consagración...

"No puede haber un avivamiento externo, sin impactar primero nuestra vida interna".

No se le puede considerar avivamiento, a un evento, si no impacta la sociedad donde se da. Quien es parte de un avivamiento, obligatoriamente es arrastrado a vivir una vida consagrada a Dios. "El avivamiento es una nueva disposición del creyente, a la obediencia a Jesucristo".

*"V*v.1 *He aquí, yo envío mi mensajero, el cual preparará el camino delante de mí; y vendrá súbitamente a su templo el Señor a quien vosotros*

buscáis, y el ángel del pacto, a quien deseáis vosotros. He aquí viene, ha dicho Jehová de los ejércitos. V₀. 2 ó Y quién podrá soportar el tiempo de su venida? ó O quién podrá estar en pie cuando él se manifieste? Porque él es como fuego purificador, y como jabón de lavadores. V₀. 3 Y se sentará para afinar y limpiar la plata; porque limpiará a los hijos de Leví, los afinará como a oro y como a plata, y traerán a Jehová ofrenda en justicia. V₀. 4 Y será grata a Jehová la ofrenda de Judá y de Jerusalén, como en los días pasados, y como en los años antiguos. V₀. 5 Y vendré a vosotros para juicio; y seré pronto testigo contra los hechiceros y adúlteros, contra los que juran mentira, y los que defraudan en su salario al jornalero, a la viuda y al huérfano, y los que hacen injusticia al extranjero, no teniendo temor de mí, dice Jehová de los ejércitos" – **Malaquías 3.**

"V₀.11 Porque yo sé los pensamientos que tengo acerca de vosotros, dice Jehová, pensamientos de paz, y no de mal, para daros el fin que esperáis. V₀.12 Entonces me invocaréis, y vendréis y oraréis a mí, y yo os oiré; V₀.13 y me buscaréis y me hallaréis, porque me buscaréis de todo vuestro Corazón" –**Jeremías 29.**

"Dios derramará su gloria, solo cuando reconozcamos nuestra condición pecaminosa ante Él".

Avivamiento Interno

Una vida en avivamiento, es una vida que; ora, adora, siente una profunda convicción de pecado, es fiel a lo establecido por Dios en los asuntos económico, se entrega por completo a la voluntad de Dios y sus preceptos. No es necesario corregir una vida llena del Espíritu Santo, porque el Espíritu Santo hace su trabajo de guiar, amonestar e instruir y corregir. Si cada hermano creyente fuera dirigido por el Espíritu Santo viviéramos en un constante avivamiento sin interrupción de nada.

El avivamiento verdadero es un mover de la presencia de Dios donde se revitaliza el carácter del creyente, donde los creyentes entran en un estado de renacer espiritualmente, sus corazones reconocen las faltas ante la presencia del Espíritu Santo, Dios revive al muerto, calienta al frío, clava en las mentes y corazones un deseo ferviente de ver las almas arrepentirse. Hablar de Avivamiento en nuestro siglo presente, es romper los esquemas mundanos y reformar todo sistema establecido, al sistema de Dios. El Avivamiento verdadero, trae arrepentimiento y provoca una intensa búsqueda de Dios. El Avivamiento activa los oídos espirituales para escuchar la voz de del Altísimo y nos sumerge bajo su perfecta voluntad. El Avivamiento mata la carne y revive el espíritu.

El avivamiento es como una gran tormenta, que limpia las inmundicias de este mundo; que se lleva todo el sucio del pecado, en las corrientes de aguas divina, limpiando nuestra sociedad. El avivamiento es como una bomba nuclear, que explota, el cual arrasa y acaba con todo, dejando el terreno limpio y despejado. Hay que detonar el poder de Dios a través de la oración, para que esta humanidad estalle en su presencia, muriendo para el mundo pero reviviendo para Dios.

"Muchos han crucificado al Espíritu, dejando en libertad la carne y sus deseos, cuando debería ser lo contrario, crucificar la carne y sus deseos y dejar en libertad al Espíritu".

¿Qué es el Avivamiento Entonces?

Una cosa debe estar bien clara, para la gente que adora el bullicio, lo espectacular y lo poco usual y que se excitan cuando hacemos una bulla bien grande; no habrá un verdadero avivamiento mientras los creyentes solo vayan buscando cosas extraordinarias o la experiencia espiritual por vía de la experiencia humana. El avivamiento vendrá cuando los creyentes tengan sed de Dios y solo de Él.

El Dr. Martín Lloyd Jones: ministro en la capilla de Westminster en Londres define el mover de Dios así: "La gente tiene conciencia de la presencia y el poder de Dios en una manera que nunca ha conocido antes". Lloyd jones añade: en el avivamiento no hay tiempo para cantar, sino para pensar, orar y predicar.

Duncan Campbell: al experimentar el avivamiento en las Islas Occidentales de Escocia entre el 1949 y el 1952; define el avivamiento así: "Gente saturada de Dios, en la iglesia y en la comunidad (Cuando Dios satura a la gente de su presencia)".

Brian H. Edwards: en su libro Avivamiento lo define de la siguiente manera: "Un verdadero avivamiento del Espíritu Santo es un aumento notable en la vida espiritual de un gran número del pueblo de Dios, acompañado por una conciencia asombrosa de la presencia de Dios, oraciones intensas y adoración, una convicción profunda de pecado, con una pasión y un deseo de santidad y un evangelismo efectivo pero poco usual, llevando a la salvación a muchas personas no creyentes".

Arthur Wallis: "El avivamiento nunca se puede explicar en función de actividad, organización, reuniones, personalidades o predicadores. Estos pueden estar involucrados en la obra, pero no son ni pueden ser la causa de los efectos producidos. El avivamiento es en esencia una manifestación de Dios, tiene el sello de la deidad sobre sí, lo cual aún los impíos y los no iniciados reconocen con rapidez. El avivamiento debe ser por necesidad hacer un impacto en la comunidad, y éste es un medio por el que podemos distinguirlo de las operaciones cotidianas del Espíritu Santo".

⁂

Walter C. Kaiser: "Como corresponde, el avivamiento presupone una declinación seria del apetito de la iglesia por las cosas espirituales y de su defensa por la causa de la moralidad y la justicia en los asuntos humanos".

Amados y Amadas en Cristo, los cielos de nuestro día necesitan romperse. Existe una dimensión de pecado y maldad que va más allá de lo individual en los seres humanos. Es un pecado social y corporativo. Existe un ambiente de tolerancia a estilos de vida inmorales. Este carácter cósmico del pecado requiere que se abran los cielos y Dios descienda primero, sobre su Iglesia y luego se extienda a toda la comunidad. Necesitamos oraciones que abran los cielos. No queremos sustitutos del verdadero avivamiento, deseamos lo real, lo vivo, lo poderoso. Cuando a Moisés se le ofreció que un Ángel le acompañara en Éxodo 33:2 y 15; él rechazó el sustituto y pidió que Dios mismo lo hiciera. En otras palabras, Moisés fue claro y honesto con Dios, no quiero sustitutos por buenos que sean, te quiero a ti. Si tu presencia no va conmigo no me envíes.

El avivamiento no se anuncia, no es una campaña de oración, no es un culto glorificado lleno de cánticos y gritos de júbilo. Todo esto es bueno, pero no es un avivamiento. El avivamiento es una interrupción de Dios en nuestra vida de iglesia, Dios y solo Dios está autorizado a interrumpir nuestros cultos y programas para llenarnos de su gloria y sus propósitos.

⁂

El avivamiento es el Espíritu que nos revela nuestra pecaminosidad, las áreas de nuestra vida que necesitan ser quebrantadas, de manera que Dios pueda hacer algo grande con nosotros. La Palabra de Dios nos dice que Él se acerca a nosotros cuando estamos quebrantados, cuando reconocemos en dónde estaríamos sin Su gracia. La palabra "quebrantar" en hebreo significa "aplastar, moler o machucar", y describe el quebrantamiento de un vaso terrenal así como el quebrantamiento de un corazón humano.

"Cercano está el Señor a los quebrantados de corazón; y salva a los contritos de espíritu"
-Salmos 34:18.

El avivamiento no consiste solo de emociones y sentimientos de exaltación. El avivamiento va a tumbar a la gente, la va a tumbar hasta el suelo, hasta el abatimiento. El avivamiento va a traer un quebrantamiento de corazón y de espíritu antes de que traiga un grito de victoria y de exaltación. El propósito del derramamiento del Espíritu Santo sobre su comunidad redimida no es en principio, recibir de nosotros los actos emocionales de adoración, exaltación y alabanza; tampoco es hacernos entrar más en el movimiento de los dones espirituales o darnos más audacia en nuestro testimonio. Dios derrama el Espíritu de avivamiento sobre su pueblo, en primer lugar, para llevarnos a un profundo sentir de nuestro propio pecado, nuestra propia impureza. Después Él puede hacer venir a nosotros un espíritu de humildad y quebrantamiento.

Algunas Pautas Que Debes Saber Sobre El Avivamiento

· El avivamiento no es emoción, es el poder Dios manifestado.

· El avivamiento no se fábrica por el hombre, se manifiesta desde lo alto por Dios.

· El avivamiento es la Biblia aplicada en la vida del creyente.

· El avivamiento nace en el corazón del creyente, pero se manifiesta con la ayuda de Dios.

· Un avivamiento fundamentado en las emociones humanas, será como una casa edificada sobre la arena, que no permanecerá.

· La sostenibilidad de todo avivamiento es la Palabra de Dios, estar fundamentados en las Escrituras nos ayudará a tener un crecimiento espiritual provechoso.

· Nuestra tarea en el avivamiento, es el crecimiento interno y la de Dios es el crecimiento numérico.

· Avivamiento no es asistencia numérica, es morir al mundo y revivir para Dios.

· Avivamiento no es tener la iglesia llena de personas, es tener nuestras almas llena del Espíritu Santo.

· El avivamiento sobrepasa todo entendimiento humano y quiebra toda sabiduría terrenal.

· El avivamiento no consiste en palabras persuasivas, sino en palabras ungidas.

· No es que digan que hay avivamiento, es vivir en el verdadero avivamiento.

· El verdadero avivamiento nace en lo interno y se manifiesta en el externo.

· Brincar, saltar, correr, gritar, etc., no es avivamiento; avivamiento es sumisión a Dios, arrepentimiento, separación del mundo; vida en santidad, oración, escudriñar las Escrituras para aprenderla, aplicarla y enseñarla a otros correctamente.

· Avivamiento no es utilizar luces, máquinas de humos y efecto de luces de colores; es la manifestación del Espíritu Santo como en el día de pentecostés.

- Avivamiento no es predicar bonito, es predicar ungido respaldado por Dios.
- En el avivamiento genuino no manipula a las personas para que se conviertan, porque ellas preguntan ¿Qué haremos?, como les preguntaron a los apóstoles (Hechos 2; 37).
- Avivamiento no es abrir las puertas de la iglesia para que las costumbres del mundo nos invadan, es preservar el fundamento apostólico.
- Avivamiento no es negociar el mensaje del evangelio con la corriente de este siglo, es predicar el mensaje del reino con verdad.

84. Un avivamiento consiste en un regreso de la iglesia hacia su estado original, como fue diseñado por Dios y está descrito en el libro de Hechos y las cartas de los apóstoles.

85. Un avivamiento es obrado por Dios, no por los hombres. A los hombres incluido los líderes más influyentes) nos corresponde someternos al mover de Dios, no mandarle como Él debe moverse.

86. Un avivamiento empieza con un arrepentimiento profundo dentro de la iglesia. Avivamiento sucede cuando la iglesia se da cuenta de cuán lejos ha caído en comparación con la primera iglesia. Y se arrepiente de su apostasía, y cuando primero los miembros de las iglesias se convierten de verdad y nacen de nuevo.

87. Los avivamientos históricos resultaron generalmente en reuniones grandes y emocionantes, conversiones de grandes multitudes, y una transformación de la sociedad entera. Sin embargo, todo esto son solo frutos posteriores de un avivamiento, pero no son su esencia. Su esencia es el arrepentimiento dentro de la iglesia, y el regreso de la iglesia hacia el estado primero como Dios lo diseñó.

88. Las iglesias evangélicas hoy, en general, o no buscan avivamiento en absoluto, o tienen un concepto errado de ello. Muchos confunden "avivamiento" con sucesos externos con eventos organizados; con planes de crecimiento de iglesias, con un

estilo particular de alabanza. etc. mientras nada de esto tiene que ver con un verdadero avivamiento. Aún más errados están aquellos que creen que un avivamiento se conformará a los moldes y las tradiciones de su propia denominación particular. Por tanto, estas iglesias están en un peligro muy grande de seguir tras un "avivamiento" falsificado. Cuando este se presente.

89. Cada iglesia (entendida como organización humana) tiene la tendencia natural de enfriarse espiritualmente hasta apostatar de la fe. Las iglesias evangélicas hoy, en general, ya han avanzado peligrosamente en este camino del enfriamiento. Solo un avivamiento puede contrarrestar esta tendencia.

Hans Ruegg abril de 2006
Edición de 2011

En mi caso he tenido la oportunidad de escuchar a muchos hablar en contra del avivamiento y en realidad entiendo su posición, porque hoy en día muchas congregaciones han generalizado la palabra "avivamiento", utilizándola en cualquiera de las actividades religiosas que se organizan, actividades hasta de índole mundana, bañadas con religiosidad. Por tanto concluyo diciendo que: *"No todo lo que llamamos avivamiento, realmente es avivamiento".* John F. MacArthur dice en su libro titulado *"El Poder del Perdón": "Muchos insisten en que el avivamiento es resultado de decisiones humanas y acciones humanas, no de una obra de Dios en Su soberanía".*

Más que brinco y bulla, necesitamos la manifestación de un verdadero avivamiento.

Recomienda este libro y contribuye a la expansión de esta grandiosa visión.

Dios te bendiga...

Bibliografía

Este libro ha sido elaborado bajo la estimulación de Dios y las pocas experiencias vividas. Las definiciones de algunas palabras fueron extraídas de los diccionarios comunes de la web como son: wiki libro, Wikipedia, Real Academia Española y otras fueron analizadas a través de varios diccionarios bíblicos como fueron:

1. Wilton M. Nelson Nuevo Diccionario Ilustrado de la Biblia 1998 editorial Caribe.
2. Diccionario Bíblico Expositivo.
3. Diccionario Expositivo de Palabras del Antiguo Testamento.
4. W.E. Vine Diccionario Expositivo de Palabras del Antiguo y del Nuevo Testamento Exhaustivo VINE 1999 Editorial Caribe.

Algunos comentarios fueron extraídos de los siguientes libros para sustentarlo como son:

1. Ernesto Dueckv Seminario Bíblico de las Américas. Horton S.M. (1983) El Libro de los Hechos. Miami, Florida, USA: Editorial Vida.
2. Smith O.J. (1957) Pasión por las almas. Grand Rapisd, Michigan, USA: Editorial Portavoz.
3. Nelson E.G. (2003) Que mi pueblo adore. Cuauhtemoc, México: Editorial Mundo Hispano.
4. Hans Ruegg abril de 2006 / Edición de 2011
5. John F. MacArthur (1999) El Poder del Perdón. Michigan, USA: Editorial Portavoz.

◌

Plasmé las palabras que sentía en mi corazón, que mi mente traducía y que mis manos escribían. Me apoyé de las herramientas que tuve a mano. A veces las realidades de nuestro diario vivir nos inspiran a escribir. Dios nos llena de grandes pensamientos que a la vez no pueden ser cuestionados, solo espero que la bibliografía de este libro sea el avivamiento que Dios quiere provocar a través de ti, para estos últimos tiempos, Amen.

Contacto:
Para sugerencias, aportes, comentarios y preguntas sobre el contenido de este libro escribir a: **marconimrn96@gmail.com**

Teléfonos:
República Dominicana: **809-630-6772**
Estados Unidos, Ohio: **614-290-3313**

Búscame a través de las distintas redes sociales como: Marconi Moreno Almonte